URSULA FERRIGNO

VegItalia

HÄDECKE

Ursula Ferrigno

VegItalia

vegetarisch & echt italienisch

einfach ~ schnell ~ köstlich

Fotos von Jason Lowe

WIDMUNG

Ich widme dieses Buch dem Management von Limelight, für alles, was es für mich getan hat; meiner sehr guten Freundin Wendy Fogarty, die mich bei all meinen Projekten unterstützt; allen Mitarbeitern bei Books for Cooks, vor allem Eric Treiulle und Rosie; und schließlich meiner Familie.

IMPRESSUM

Die englische Originalausgabe erschien unter dem Titel »Truly Italian« bei Mitchell Beazley, London, 1999.

Beauftrage Herausgeberin: Margaret Little
Art Director: Gaye Allen
Herausgeberinnen: Susan Fleming und Margot Richardson
Produktion: Karen Farquhar
Register: Angie Hipkin
Deutsche Übersetzung von Karl-Heinz Ebnet 2000
Deutsche Redaktion: Monika Graff
Typographie und Satz der Deutschen Ausgabe: ES Typo-Graphic, Stuttgart
Gesamtherstellung: Toppan Printing Company China

1. Auflage der Neuausgabe 2010

ISBN 978-3-7750-0575-3

Inhalt

Die italienische Küche

Wer nach Italien reist, hat das Gefühl von Essen umgeben zu sein: Man begegnet ihm auf den farbenfrohen Obst- und Gemüsemärkten und in den kleinen Feinkostläden, die sich in verwinkelten Gassen verbergen. Selbst an ruhigen, beschaulichen Orten wie den Mailänder Kunstgalerien und in Kirchen und Domen ist es zu finden, wo Bilder wie Leonardo da Vincis *Cenacolo* hängen, das »Letzte Abendmahl«, das ein bescheidenes Mahl mit Brot und Wein darstellt. Im Kloster Monte Oliveto Maggiore, in der Nähe von Siena, wird der Besucher von überaus realistisch anmutenden Della-Robbia-Reliefs mit Obst-, Blumen- und Weingirlanden empfangen. An den Wänden der Uffizien in Florenz zieren zahllose Gemälde von täuschend echt aussehenden gemalten Blumen, Brotlaibe und Früchte die Wände.

Das italienische Essen übt auf mich noch heute den gleichen Zauber aus wie damals auf die Künstler, die – vor mehreren Jahrhunderten – diese Szenen geschaffen haben. Wie sie bewundere ich die Einfachheit der Gerichte und ihren Symbolgehalt. Zu fast jedem Gericht gibt es eine kleine Anekdote, die von dessen historischer Vergangenheit erzählt. Meine Großmutter, von der ich viel über das Kochen gelernt habe, konnte mich stundenlang mit Geschichten über die Familien bei uns zu Hause im kleinen Dorf Minori unterhalten. Sie alle hatten mit Familienjubiläen, religiösen Feierlichkeiten oder mit regionalen Erntefesten zu tun.

Die italienische Küche kennenzulernen, bedeutet die Italiener verstehen zu lernen – die Wertschätzung, die sie dem Essen entgegenbringen, sowie die Rolle, die es in der Geschichte gespielt hat. Essen bedeutet in Italien wesentlich mehr als nur den Hunger zu stillen: Es bildet den Mittelpunkt des Lebens und der gesellschaftlichen Traditionen. Ob *torta pasqualina* (ein Osterkuchen aus dreißig Teigschichten, die an die dreißig Lebensjahre Christi erinnern), *ossi dei morti* (»die Gebeine der Toten«, ein Gebäck, mit dem verstorbener Verwandten gedacht wird) oder Kastaniensuppe, die im Herbst mit frisch geernteten Esskastanien und frisch gepresstem Olivenöl zubereitet wird. In der italienischen Küche sind Geschichte, Tradition und Folklore miteinander vereint, dazu kommt ein einzigartiges Bewusstsein für die Natur und ihre Jahreszeiten, sodass der Begriff »bewusste Ernährung« hier eine ganz neue Bedeutung gewinnt.

Meine Familie stammt aus dem Süden Italiens. Auf dem täglichen Speiseplan stand vor allem Gemüse, deshalb bevorzuge ich noch heute fleischlose Gerichte. Italiener essen Speisen, die einer vegetarischen Ernährung weit näher kommen, als die der meisten anderen europäischen Länder. Die große Auswahl an Pasta-Varianten, Hülsenfrüchten und Reis sowie eine unglaubliche Vielfalt von Gemüse und Obst, lässt Fleisch bei der täglichen Ernährung lediglich eine untergeordnete Rolle spielen. Wenn es überhaupt serviert wird, dann nur in kleinen Mengen. Pasta oder ein frisches Gemüsegericht sind in Italien auch heute noch die wichtigste Mahlzeit des Tages.

Natürlich spielt auch die landwirtschaftliche Tradition eine Rolle. Der größte Teil der Nutzfläche in Italien wird seit jeher zum Gemüse- und Getreideanbau verwendet und weniger als Rinder- oder Schafweiden genutzt. Da die meisten Bauern hauptsächlich in kleinen Familienbetrieben organisch und ziemlich unkonventionell produzieren, fühlen sie sich ihrem Land und seinen Produkten eng verbunden, sie wissen, wie sie die Erde bearbeiten und die Pflanzen zu pflegen haben. Sie kümmern sich mit großer Sorgfalt um Aussaat, Wachstum und Ernte, infolgedessen sie wertvolle Produkte hervorbringen.

Eine vorwiegend auf Gemüse, Getreide und Obst basierende Ernährung, ergänzt durch Samen und Nüsse, ist außerordentlich gesund, das bestätigen Ärzte und Gesundheitsexperten. Die italienische Küche bietet hervorragende Möglichkeiten, den ernährungswissenschaftlichen Grundsätzen gerecht zu werden: Sie verwendet viele Kohlenhydrate in Form von Gemüse, Getreide und Hülsenfrüchten – und die daraus hergestellten Produkte wie Brot und Pasta – sowie Obst, Samen und Nüsse, aber wenige Proteine, wie sie von Fleisch und Milchprodukten geliefert werden; dazu den ausgiebigen Gebrauch des wunderbaren, im gesamten Mittelmeerraum hochgeschätzten Olivenöls. Deshalb empfehlen viele Ärzte und Gesundheitsexperten die sogenannte »Mittelmeerdiät«.

Die Grundelemente der Nahrung sind Kohlenhydrate, Ballast-/Faserstoffe, Proteine und Fett. Kohlenhydrate, die aus Zucker und Stärke bestehen, sind der wichtigste Brennstofflieferant für

den Körper. In der vegetarischen italienischen Küche sind sie reichlich enthalten. Man unterscheidet zwei Formen, schnell und langsam abbaubare Kohlenhydrate. Zu den ersteren gehören Nahrungsmittel wie Zucker, Kuchen, Süßigkeiten und viele raffinierte Produkte. Sie liefern einen schnellen Energieschub, der Blutzuckerspiegel steigt schlagartig an, sinkt aber ebenso schnell wieder ab. Langsam abbaubare oder komplexe Kohlenhydrate versorgen den Körper mit länger anvorhaltender und damit wertvollerer Energie, denn der Zucker wird langsamer in den Blutkreislauf abgegeben. Zu diesen Nahrungsmitteln zählen Gemüse, Obst und Getreide. So wird verständlich, dass ein Mittagessen bestehend aus Gemüse und Pasta den ganzen Nachmittag vorhält und keinen Hunger aufkommen lässt. Ballaststoffe bilden jenen Teil des Gemüses, der für den menschlichen Darm unverdaulich ist. Für einen gesunden Stoffwechsel ist ausreichender Verzehr von Ballast-/Faserstoffen jedoch wichtig und hilft, zahlreichen Erkrankungen vorzubeugen.

Aminosäuren sind die Bausteine des Proteins (auch Eiweiß genannt) und damit unentbehrlicher Bestandteil der Nahrung. »Vollwertige« Proteine enthalten alle für den menschlichen Körper notwendigen Aminosäuren; sie finden sich im Fleisch, in Milchprodukten, in Sojabohnen und Süßlupinen. Zu den proteinreichen Nahrungsmitteln gehören ebenfalls Getreide, Hülsenfrüchte, Nüsse und Samen, allerdings enthalten sie nicht alle essentiellen Aminosäuren, weshalb sie als »unvollständige« Proteine bezeichnet werden. Der Körper verfügt jedoch über einen Aminosäuren-Pool, auf den der Organismus zurückgreifen kann, wenn bei einer Mahlzeit nicht alle Aminosäuren zur Verfügung stehen.

Der notwendige Fettbedarf sollte vorwiegend durch mehrfach ungesättigte Fettsäuren gedeckt werden, wie sie in Samen, Nüssen, im Getreide sowie in tierischen Produkten wie Milch, Käse und Eiern vorkommen. Denn Fleisch enthält viel Fett, das in gesättigter Form vorliegt und für den Körper potentiell schädlich ist. Darüber hinaus konnte ein direkter Zusammenhang zwischen der außergewöhnlich guten Gesundheit der Mittelmeeranrainer und dem Genuss von Olivenöl festgestellt werden: eine einfach ungesättigte Fettsäure, die sich positiv auf das körperliche Wohlbefinden auswirkt. Das Essen wird durch Fett schmackhafter, und Olivenöl ist die perfekte Lösung.

Ebenso notwendig für die Gesundheit sind Vitamine und Mineralien. Frische Rohkost und schonend gekochte Nahrungsmittel liefern alle Nährstoffe, die der Körper benötigt. Bei den Rezepten habe ich im jeweils nachstehenden Tipp – dem *consiglio* – auf besonders wertvolle Eigenschaften betsimmter Zutaten hingewiesen, sei es auf das Provitamin A im Kürbisfleisch oder die verdauungsfördernde Wirkung von Fenchelsamen.

Meinen Schülern erzähle ich immer gern, dass in Italien zwischen 13.00 und 16.00 Uhr jede Geschäftstätigkeit zum Erliegen kommt. Jeder eilt dann zur Hauptmahlzeit des Tages nach Hause. Sogar der Verkehr ist in dieser Zeit chaotischer als sonst, da sich mit dem zunehmenden Hungergefühl die Gemüter erhitzen. Und die kurz darauf wie ausgestorben wirkenden Straßen zeugen davon, dass man sich nun dem sehr wichtigen Geschäft des Essens und Genießens im Famili-

enkreis widmet. Im Geschäftsleben wird allerdings mehr und mehr die Hauptmahlzeit auf den Abend verlegt.

Italienische Mahlzeiten folgen einem strengen Ablauf und bestehen aus mehreren Gängen. Zunächst werden *antipasti*, kleine Köstlichkeiten, oder eine minestra, eine Suppe serviert. Es folgt der *primo piatto*, der erste Gang: Pasta, Risotto oder Polenta. Der *secondo piatto* ist im allgemeinen ein sehr kleiner Fleisch- oder Fischgang, der ohne weitere Beilagen serviert wird. Dann der *contorno*, der Gemüsegang, und schließlich - so wird es zumindest in unserer Familie gehandhabt - eine *insalata*, ein Salat (in anderen Familien wird der Salat als erster Gang serviert). Zum Abschluss wird frisches Obst oder Käse gegessen oder lediglich ein Kaffee oder Espresso getrunken. Kuchen und Gebäck gibt es morgens oder nachmittags zum Kaffee, nach einer Mahlzeit sind sie unüblich. Da die einzelnen Speisen nacheinander aufgetragen werden, kommt der individuelle Geschmack der Gerichte besonders zur Geltung – einer der Aspekte, den ich am italienischen Essen äußerst schätze.

Probieren Sie diese italienische Art zu essen, die Ihnen - wie hoffentlich auch dieses Buch – die Vielfalt der Möglichkeiten zeigt. Sie werden begeistert sein. Die vorgestellten Rezepte beschreiben traditionelle Gerichte, die keine besonderen Fertigkeiten oder stundenlange Zubereitung erfordern (mit Ausnahme der Brote, doch die sind wirklich die Ausnahme). Sie sind einfach, und wohlschmeckend. Ich wünsche Ihnen, Ihrer Familie und Ihren Freunden viel Freude damit.

Ursula Ferrigno

PASTA

Pasta gibt es seit urdenklichen Zeiten; lange bevor angeblich Marco Polo sie aus China eingeführt haben soll. Inzwischen weiss man, dass dies lediglich eine hübsche Anekdote ist. Im Pasta-Museum, früher in Pontedassio (Ligurien), heute in Rom, gibt es Dokumente, die bis ins 13. Jahrhundert zurückgehen. Es wird angenommen, dass bereits die Etrusker nudelartiges auf den Tisch brachten. Sicher ist, dass die Araber, die vor den Italienern den Hartweizen kannten, Teigplatten kochten und dass sie Nudelteig um dünne Stöckchen rollten und dies dann an der Sonne trocknen ließen – wie es heute noch in Sizilien gemacht wird.

Pasta ist aus dem italienischen Leben nicht wegzudenken. »Eine Mahlzeit ohne Pasta ist keine richtige Mahlzeit«, sagte mein Onkel. Pasta ist ein tägliches Ritual, sie wird als erster Gang, als *primo piatto*, serviert und niemals als eigenständige Mahlzeit. Ursprünglich eine Spezialität des Südens (der Norden zog Reis und Polenta vor), wird sie nun zu jeder Tages- und Nachtzeit im gesamten Land gegessen. Die Pasta hat somit das Land in gewissem Sinn geeint. Während der Renaissance war die Pasta – vor allem Lasagne, Ravioli und Tortellini – den Tischen der Wohlhabenden vorbehalten. Im 19. Jahrhundert galt sie hingegen vor allem in Neapel als Armenessen. Und im 20. Jahrhundert wollte Mussolini sie sogar vom italienischen Speisezettel streichen, weil er glaubte, sie mache Soldaten lethargisch.

Frische Pasta ist überaus köstlich, in ihrer Zubereitung aber sehr zeitaufwendig, die eigene Zubereitung lohnt nur bei einem Eiernudelteig. Getrocknete Fertigpasta (*pasta secca*) gibt es in sehr guter Qualität zu kaufen, sie ist der Tiefkühlpasta in jedem Fall vorzuziehen. Bei den folgenden Rezepten habe ich auf die Angabe von Kochzeiten verzichtet, da die jeweiligen Packungsangaben sehr viel präziser sind. Die Kochzeiten hängen von Form und Dicke der Pasta ab; sie ist fertig, wenn sie weich, aber noch bissfest – *al dente* – ist. Sie sollte in gesalzenem, sprudelnd kochenden Wasser zubereitet werden (Faustregel: pro 100 g Pasta, 1 l Wasser und 10 g Salz). Auch die Sauce richtet sich nach der Form und Dicke der Pasta: Zu dünner, langer Pasta eignet sich eine ölige und eher flüssige Sauce;

an verschlungenen, mit Löchern, Rillen, Rinnen und Rundungen versehenen Pastaformen kann eine dickere Sauce besser anhaften. So werden in schöner Regelmäßigkeit neue Pastaformen kreiert, die speziell diesen »Hafteffekt« verbessern sollen. Gekochte Pasta nur dann kalt abschrecken, wenn sie ausschließlich als Beilage dient. Sonst die gegarte Pasta sofort mit etwas Öl vermischen.

Frisch geriebener Parmesan wird über die meisten Pasta-Gerichte gestreut, was deren Nährwert an Protein und Calcium erhöht. Man verzichtet auf den Käse bei Pasta mit Pilzen oder Fisch.

Ich esse jeden Tag Pasta; das ist das einzige, von dem ich mit Bestimmtheit sagen kann, dass ich es auch zukünftig tun werde. Bei den Zutaten für Pastasaucen sind der Fantasie keine Grenzen gesetzt: fast alle Gemüsesorten, Pilze, Hülsenfrüchte, Käse, Kräuter, Gewürze und Öl eignen sich. Bei den meisten in diesem Buch vorgestellten Rezepten werden einfache Pastaformen verwendet – Spaghetti, Tagliatelle und Lasagne –, wie sie auch in Italien zu Hause im Kreis der Familie, *a casa*, üblich sind. Damit erspart man sich einen vor halb angebrochenen Packungen überquellenden Vorratsschrank.

Ich hoffe, Sie genießen die folgende Auswahl meiner absoluten Lieblingsrezepte.

Pasta e Fagioli ~ Pasta mit Bohnen

Über diese berühmte Suppe muss, so meine Großmutter, mit Olivenöl ein »C« geträufelt werden, wenn man sie serviert. Leider habe ich nie nach dem Grund dafür gefragt. Nach dem Originalrezept sollten die Bohnen in einem Tontopf drei Stunden lang bei milder Hitze gekocht werden. Ausgezeichnete Ergebnisse lassen sich auch dann erzielen, wenn man das Rezept modernen Bedürfnissen anpasst und die Zubereitungszeit auf eineinhalb Stunden verkürzt. Italienische Suppen sind stets etwas dicker als unsere gewohnten Suppen, also keine Sorge, wenn Ihnen diese Suppe vielleicht zu kompakt erscheint.

6 Portionen

300 g getrocknete Cannellini-Bohnen oder 800 g gekochte Bohnen aus der Dose
1 frischer Zweig Salbei
1 frischer Zweig Rosmarin
2 geschälte, gepresste Knoblauchzehen
Meersalz und frisch gemahlener schwarzer Pfeffer
getrocknete Peperoncinoflocken nach Geschmack
200 g Rigatoni
natives Olivenöl extra
frisch geriebener Parmesan nach Geschmack

1 Getrocknete Bohnen 24 Stunden in Wasser einweichen. Bohnen abgießen, mit frischem Wasser auffüllen und im Topf 10 Minuten kochen. Kräuter und Knoblauch zugeben und anschließend 40 Minuten bei milder Hitze köcheln lassen, damit sich Geschmack und Aroma entfalten.

2 Sollen Konserven verwendet werden, die Bohnen vorher abspülen, Kräuter und Knoblauch zugeben, mit kaltem Wasser auffüllen und etwa 20 Minuten kochen. Falls nötig, Wasser nachgießen.

3 Bohnen zusammen mit der Flüssigkeit durch ein Sieb pressen, damit die harten Schalen entfernt werden. Das Bohnenpüree in einen Kochtopf geben und nach Geschmack Pfeffer und ein wenig Peperoncinoflocken hinzufügen.

4 Die Pasta mit dem Bohnenpüree kochen, gelegentlich umrühren, damit die Nudeln nicht verkleben. Etwa 4 Esslöffel Wasser zugeben und fertigkochen.

5 Die heiße Suppe vor dem Servieren mit Olivenöl, überträufeln und nach Geschmack mit Parmesan bestreuen.

Ein Gericht mit hohem Energie- und Kohlenhydratanteil, perfekt für den Winter – und es enthält kaum Fett. Statt der Cannellini-Bohnen können Sie auch andere Hülsenfrüchte verwenden. Das Rezept kann nach persönlichen Vorlieben variiert werden.

Tagliatelle al Mascarpone e Spinaci ~

Tagliatelle mit Mascarpone und Spinat

In Italien ist Spinat bereits vorgekocht und zu Kugeln gepresst in Feinkostläden erhältlich, er muss zu Hause nur noch mit Öl und Zitronensaft angerichtet werden – die beste Art, kaltes, gekochtes Gemüse zu servieren.

4 Portionen

- 20 g Butter
- 1 geschälte Knoblauchzehe im Ganzen
- 300 g frische Spinatblätter, gewaschen und fein gehackt, kleine Blätter können ganz bleiben
- 150 ml Crème fraîche oder Crème double
- 150 g Mascarpone
- 275 g Tagliatelle (Bandnudeln)
- Meersalz und frisch gemahlener schwarzer Pfeffer
- frisch geriebene Muskatnuss

1 Butter schmelzen, die Knoblauchzehe hinzugeben und solange andünsten, bis der Knoblauch goldbraun wird; die Butter nicht anbrennen lassen!

2 Fein gehackten Spinat zugeben und einige Minuten bei milder Hitze anschwitzen, bis die Blätter zart werden.

3 Crème fraîche und Mascarpone zusammen in einem Topf einige Minuten erhitzen und miteinander verrühren.

4 Pasta in reichlich Salzwasser al dente kochen. Das Wasser gut abgießen und die Nudeln in eine vorgewärmte Servierschale geben.

5 Zuerst die Mascarpone-Crème-Sauce darübergießen, dann den Spinat (ohne die Knoblauchzehe)zugeben. Mit Salz, Pfeffer und Muskatnuss würzen und gut verrühren. Sofort servieren.

~ Spinat enthält viele lebenswichtige Mineralstoffe wie Phosphor, Kalium, Kupfer, Jod etc. sowie Provitamin A, die Vitamine B_1 und B_2 und C. Der Gehalt an Eisen ist eher gering. Er gilt als »der König des Gemüses« und der Volksmund sagt: Spinat ersetzt die halbe Apotheke!

Tagliatelle ai carciofi ~ Tagliatelle mit Artischocken

Minze und Artischocken passen wunderbar zusammen. Das Rezept ist vor allem zur Erntezeit der Artischocken zu empfehlen, die in Italien im April und Mai und im Oktober stattfindet.

4 Portionen

- 4 kleine Frühlings-Artischocken
- 2 EL Olivenöl
- 25 g ungesalzene Butter
- 1 kleine geschälte, gehackte Zwiebel
- 150 ml trockener Weißwein
- Saft einer Zitrone
- 150 ml selbst gemachte Gemüsebrühe (siehe Seite 61)
- 275 g Tagliatelle (Bandnudeln)
- 200 ml Crème fraîche oder Crème double
- 1 Bund frische, gehackte Minzeblätter
- Meersalz und frisch gemahlener schwarzer Pfeffer
- 55 g frisch geriebener Parmesan

1 Die harten äußeren Blätter der Artischocken entfernen und die stacheligen Blattspitzen abschneiden. Den Stiel herausdrehen und die Artischocken achteln. Das innere Heu sowie eventuell noch vorhandene harte Blätter entfernen. Die Artischockenachtel zusammen mit ein wenig Essig oder Zitronensaft in Wasser legen, damit sie sich nicht verfärben. Erst kurz vor der Weiterverarbeitung herausnehmen, abtropfen lassen und klein hacken.

2 Olivenöl und Butter in einem großen Topf erhitzen, darin bei geschlossenem Deckel die gehackte Zwiebel glasig dünsten. Nach etwa 5 Minuten die gehackten Artischocken zugeben und weitere 5 Minuten kochen. Weißwein, Zitronensaft und Gemüsebrühe hinzufügen und bei milder Hitze im geschlossenen Topf 15 Minuten lang köcheln lassen.

3 Das Wasser für die Pasta aufsetzen und die Nudeln in das sprudelnd kochende Salzwasser geben. Während die Pasta kocht, Crème fraîche und Minzeblätter in die Artischockensauce rühren und bei sehr niedriger Hitze offen kochen lassen, bis die Sauce eindickt. Mit Salz und Pfeffer würzen.

4 Pasta abgießen, wenn sie al dente ist, und sofort mit dem frisch geriebenen Parmesan verrühren. Artischockensauce dazugeben und gut verrühren. Sofort servieren.

~ Artischocken enthalten den Bitterstoff Cynarin, der positiv auf Leber und Galle einwirkt und zur Senkung der Blutfettwerte und des Cholesterinspiegels führt. Cynarin ist auch für den süßlichen Geschmack verantwortlich, der sich beim Essen im Mund einstellt. Man sollte daher zu Artischocken niemals einen kräftigen, vollmundigen Wein trinken.

Tagliatelle alla boscaiola ~ Tagliatelle »aus dem Wald«

Italiener lieben Waldpilze, die in den kühlen, feuchten Wäldern des ganzen Landes wachsen. Zu den beliebtesten Arten gehört der *porcino*, der Steinpilz (Boletus edulis). In getrockneter Form sind sein Aroma und sein Geschmack noch intensiver. Bei dem vorliegenden Rezept kann die Hälfte der Pilze durch 55 g getrocknete porcini ersetzt werden: Vor der Verarbeitung 10 Minuten lang in kaltem Wasser einweichen.

4 Portionen

3 EL Olivenöl
2 geschälte, fein gehackte Knoblauchzehen
400 g geschälte Eiertomaten aus der Dose
Meersalz und frisch gemahlener schwarzer Pfeffer
275 g frische, geputzte und fein geschnittene Waldpilze
1 Bund glatte fein gehackte Petersilie
275 g Tagliatelle (Bandnudeln)

1 2 EL Olivenöl in einer Pfanne erhitzen und den fein gehackten Knoblauch zugeben. Wenn er sich zu verfärben beginnt, die Tomaten zusammen mit dem Saft hinzufügen. Die Tomaten zerdrücken, mit ein wenig Salz und Pfeffer abschmecken und 15 Minuten lang bei kräftiger Hitze kochen.

2 1 EL Olivenöl in einer zweiten Pfanne erhitzen und die Pilze dazugeben. Leicht salzen, bei milder Hitze 5-10 Minuten (je nach Pilzart) lang andünsten. Mit der gehackten Petersilie bestreuen und warm stellen.

3 Die Pasta in reichlich Salzwasser al dente kochen. Abgießen und in eine warme Servierschale geben. Die Tomatensauce dazugeben und gut verrühren, anschließend die Pilze unterrühren. Sofort servieren.

~ Pilze haben einen hohen Gehalt an Eiweiß und Mineralstoffen; der Wasseranteil schwankt. Sie haben fast kein Fett.Sie enthalten Vitamine der B-Gruppe; Austernpilze außerdem Vitamin D, Champignons C und E, eine Anzahl von Mineralstoffen und Niacin.

Pasta e piselli ~ Pasta mit Erbsen

Italiener lieben die Erbsensaison im Juni! Für die zarten, jungen Hülsenfrüchte gibt es unzählige Rezepte, von denen das berühmteste wohl das *Risi e bisi* ist (Siehe Seite 73). Das vorliegende Rezept gehört zu meinen liebsten Pasta-Erbsen-Gerichten; ein feines Essen für die gesamte Familie, da nicht zuletzt Kinder Erbsen besonders lieben.

4 Portionen

- 4 EL natives Olivenöl extra
- 1 geschälte Zwiebel
- 2 geschälte Knoblauchzehen
- 750 g geschälte Pal- oder Markerbsen
- 275 g Spaghetti
- Meersalz und frisch gemahlener schwarzer Pfeffer
- evtl. 1 Prise Zucker nach Geschmack
- 1 Bund frische, fein gehackte Minzeblätter
- frisch geriebener Parmesan nach Geschmack

1 Die Zwiebel in einem Topf mittlerer Größe im Olivenöl zart andünsten. Wenn sie glasig ist, den Knoblauch zugeben.

2 Die Erbsen zufügen und unterschwenken. 3 Esslöffel Wasser zugeben, den Topf verschließen und die Erbsen bei milder Hitze 7 Minuten lang köcheln lassen.

3 In der Zwischenzeit die Pasta in reichlich Salzwasser al dente kochen und abgießen.

4 Sauce zur Pasta geben, kräftig würzen, wenig Zucker einrühren – das erhöht den Geschmack – und mit der Minze und dem frisch geriebenen Parmesan bestreuen. Sofort servieren.

~ Erbsen sind äußerst nährstoffreich; sie enthalten die Vitamine B_1, B_2 und E sowie Kalium und Phosphor. Besonders hoch ist ihr Gehalt an hochwertigem Eiweiß. Des weiteren enthalten sie Kohlenhydrate (Stärke und Zucker) sowie geringe Mengen an Provitamin A und Vitamin C. Sie wirken blutdrucksenkend und regulierend auf den Blutzuckerspiegel.

Tagliatelle agli asparagi ~ Tagliatelle mit Spargel

Die hier vorgestellte Sauce paßt zu allen Spargelsorten. Ich persönlich bevorzuge den sehr dünnen, zarten und milden grünen Spargel, der in Italien als *selvatica* oder »wilder« Spargel bekannt ist. Soll das Essen optisch noch ansprechender aussehen, verwenden Sie eine Mischung aus grünen und gelben Tagliatelle – in Italien *paglia e fieno*, »Stroh und Heu«, genannt.

4 Portionen

450 g grüner Spargel
Meersalz, 1 Prise Zucker und frisch gemahlener schwarzer Pfeffer
100 g ungesalzene Butter
1 Scheibe altbackenes Weißbrot, zu groben Bröseln zerrieben
200 ml Crème fraîche oder Crème double
275 g gemischte grüne und gelbe Tagliatelle (Bandnudeln)
50 g geriebener Fontina-Käse (halbfester Käse)
1 Bund frisches Basilikum
1 Bund glatte fein gehackte Petersilie
frisch geriebener Parmesan nach Geschmack

1 Spargel waschen und die harten Stielenden entfernen. In einen großen, flachen Topf mit Deckel legen, Meersalz und etwas Zucker zugeben, mit Wasser aufgießen und, je nach Dicke der Spargelstangen, etwa 8 Minuten kochen lassen. Abgießen, Spargel mit kaltem Wasser übergießen und anschließend in 2 cm lange Stücke schneiden. Noch vorhandene harte, holzige Teile entfernen.

2 Butter in einer großen Pfanne schmelzen, Weißbrotbrösel hinzufügen und unter ständigem Rühren 2 Minuten anbräunen. Crème fraîche unterrühren, dann die Spargelstücke zugeben und mit schwarzem Pfeffer abschmecken. 5 Minuten lang kochen lassen, anschließend warm stellen.

3 Die Pasta in Salzwasser al dente kochen. Abgießen und die Spargel-Sauce über die Tagliatelle geben. Mit geriebenem Fontina-Käse bestreuen und mit den gehackten Kräutern gut vermischen.

4 Eventuell nachwürzen und sofort servieren. Nach Geschmack mit Parmesan bestreuen.

~ Spargel ist reich an Mineralstoffen aber arm an Kalorien; er besitzt aufgrund seines Provitamin-A-Gehalts eine natürliche blutreinigende Wirkung, seine B-Vitamine sind gut gegen nervöse Störungen. Die Spargelsaison beginnt in Italien bereits im April und endet mit dem 24. Juni; versuchen Sie daher, dieses Gemüse möglichst oft in dieser Zeit zu genießen.

Pappardelle delle colline di Firenze ~

Pappardelle von den florentinischen Hügeln

Ricotta, ein Frischkäse aus Molke, wurde früher ausschließlich aus Schafsmilch gewonnen, heutzutage wird häufig Kuhmilchmolke dazu verwendet. Zur Herstellung wird die Molke nochmals aufgekocht und frische Milch hinzugefügt. Fermentiert wird mit Lab oder Zitronensäure.

4 Portionen

- 2 EL Olivenöl
- 1 geschälte, gehackte Zwiebel
- 1 gehackte Karotte
- 1 Stängel gehackter Staudensellerie
- 1 geschälte, gepresste Knoblauchzehe
- 200 g Tomatenpassata (Tomatenbrei)
- 150 ml Weißwein
- Meersalz und frisch gemahlener schwarzer Pfeffer
- 275 g Pappardelle (breite Bandnudeln)
- 100 g frischer Ricotta aus Schafsmilch
- 1 Bund frisches Basilikum
- frisch geriebener Parmesan nach Geschmack

1 Olivenöl in einem Topf mittlerer Größe erhitzen und unter ständigem Rühren das zerkleinerte Gemüse darin andünsten, bis es sich zu verfärben beginnt.

2 Knoblauch, Passata, Wein, Salz und Pfeffer zugeben, Hitzezufuhr zurücknehmen und bei geschlossenem Deckel 25 Minuten lang köcheln lassen. Gelegentlich umrühren.

3 In der Zwischenzeit die Pasta in reichlich Salzwasser al dente kochen. Abgießen.

4 Eine vorgewärmte Auflaufform oder Terrine mit dem Ricotta ausstreuen, die heiße Pasta, die Sauce und das Basilikum dazugeben und gut vermischen. Mit Basilikumblättern garnieren. Viel Parmesan dazu reichen.

~ Der ungesalzene frische Ricotta enthält sehr wenig Fett und ist sehr bekömmlich – er ist daher allen zu empfehlen, die unter Magenproblemen leiden. Ricotta gehört für mich zu den Lebensmitteln, die immer vorrätig sein sollten und für die sich immer eine Verwendung findet.In Italien ist auch gesalzener und geräucherter Ricotta erhältlich.
Passata besteht aus gehackten und durch ein Sieb gepresste Tomaten, dadurch werden Haut und Kerne entfernt.

Tagliatelle con cipolle ~ Tagliatelle mit Zwiebelsauce

Experimentieren Sie mit unterschiedlichen Zwiebelsorten! Rote Zwiebeln aus Tropea in Kalabrien sind ganz besonders erlesen, weil sie von sehr guten Böden stammen. Sie können aber auch aromareiche weiße Zwiebeln verwenden oder eine Kombination aus beiden. Ein einfaches und überraschend köstliches Gericht.

4 Portionen
100 g ungesalzene Butter
450 g geschälte, in dünne Ringe geschnittene Zwiebeln
150 ml Crème fraîche oder Crème double
Meersalz und frisch gemahlener schwarzer Pfeffer
eine große Prise frisch geriebene Muskatnuss
1 Bund glatte fein gehackte Petersilie
275 g Tagliatelle (Bandnudeln)
frisch geriebener Parmesan nach Geschmack

1 Butter schmelzen, darin die Zwiebeln bei geschlossenem Deckel und geringer Hitzezufuhr etwa 20 Minuten lang dünsten. Insgesamt etwa 4 EL Wasser zugeben, Zwiebeln nicht braun werden lassen.

2 Die gedünsteten Zwiebeln pürieren, dann Crème fraîche, Salz, Pfeffer, Muskatnuss und Petersilie darunter rühren; warm stellen.

3 Die Pasta in reichlich Salzwasser al dente kochen, abgießen und zur Sauce geben; gut vermischen. Dazu frisch geriebenen Parmesan reichen.

~ Zwiebeln besitzen antiseptische Eigenschaften und fördern die Verdauung; sie wirken appetitanregend, harntreibend und blutzuckersenkend und vieles mehr. Die Crème fraîche und der Käse steigern den Proteingehalt des Gerichts.

Spaghetti alla Napoletana ~

Spaghetti mit Tomaten-Basilikumsauce

Es gibt unzählige Rezepte für Tomatensaucen (Sugo) – einige finden sich auch in diesem Buch –, dieses hier aber ist das Grundrezept meiner Großmutter. Neapel ist berühmt für seine Tomaten, besonders für die *San Marzano*, auch *Peretti* genannt, die als die »einzig wahre« italienische Eiertomate gilt. Sie ist dickfleischig, kernarm und besitzt ein süßes Fruchtfleisch. Diese Sorte wird am häufigsten getrocknet.

4 Portionen

3 EL natives Olivenöl extra
1 geschälte, gehackte Zwiebel
750 g grob gehackte, reife Tomaten
Meersalz und frisch gemahlener schwarzer Pfeffer
275 g Spaghetti
25 g ungesalzene Butterflocken
1 Bund frisches Basilikum, klein gezupft
frisch geriebener Parmesan nach Geschmack

1 Das Olivenöl in einer Pfanne erhitzen und die Zwiebeln etwa 5 Minuten andünsten. Tomaten zugeben, mit Salz und Pfeffer würzen und bei milder Hitze 20 Minuten lang köcheln lassen.

2 In der Zwischenzeit die Spaghetti in reichlich Salzwasser al dente kochen, gut abtropfen lassen.

3 Tomatensauce zur Pasta geben und mit den Butterflocken und den Basilikumblättern gut verrühren. Sofort servieren. Frisch geriebenen Parmesan dazu reichen.

~ Basilikum ist inzwischen nicht nur in Italien immer erhältlich. Man unterscheidet zwei Arten: *lattugha* und *genovese*. Genovese besitzt kleinere Blätter und ist intensiver im Geschmack; es wird besonders zur Pesto-Herstellung verwendet. Die gröberen Blätter der Lattugha eignen sich, klein gezupft, zum Garnieren von Speisen.

Spaghetti con pomodori e rucola ~

Spaghetti mit frischen Tomaten und Rucola

Versuchen Sie auf Märkten wilden Rucola mit seinen großen und sehr geschmacksintensiven Blättern zu bekommen. Wichtig ist es, junge Blätter zu verwenden, die angenehm kräftig, manchmal auch scharf schmecken; ältere Blätter sind bitter und zäh.

4 Portionen

275 g reife Eiertomaten
2 geschälte, fein gehackte Knoblauchzehen
100 g grob gezupfter Rucola
abgeriebene Schale einer unbehandelten Zitrone
1 1/2 EL natives Olivenöl
Meersalz und frisch gemahlener schwarzer Pfeffer
275 g Spaghetti
frisch geriebener Parmesan nach Geschmack

1 Tomaten häuten. Dazu für 20 Sekunden in kochendes Wasser geben, herausnehmen und unter kaltes Wasser halten. Die Haut abziehen und das Fleisch klein hacken.

2 Die Tomatenstücke zusammen mit Knoblauch, Rucola, Zitronenschale, Olivenöl in eine große Schale geben und mit Salz und Pfeffer würzen. Mindestens 30 Minuten lang durchziehen lassen.

3 Die Pasta in Salzwasser al dente kochen, gründlich abgießen.

4 Die Sauce mit der Pasta vermischen. Sofort servieren. Den Parmesan separat dazu reichen.

~ Schon wenige Tomatenstauden in einem Pflanzkübel, Blumenkasten oder Topf liefern gegen Ende des Sommers eine reiche Ernte. Frisch gepflückt strotzen die Früchte vor Aroma und Nährstoffen. Sie enthalten mindestens 7 Mineralstoffe, 10 Spurenelemente, 13 Vitamine sowie Fruchtsäuren und Zucker; außerdem den Farbstoff Lycopen, der zahlreiche Abbauvorgänge in den Zellen hemmt, das Immunsystem stärkt und sogar vor Krebs schützen soll.

Pasta al cartoccio ~ Spaghetti in der Pergamenthülle

Ein Gericht, bei dem das Auge mitisst! Es eignet sich besonders für Feste, da der Geschmack und die Aromen bei dieser Zubereitung optimal erhalten bleiben und erst freigesetzt werden, wenn man das Papier öffnet. Hervorragend auch für Picknicks oder Mahlzeiten im Freien: Pasta kühlt sehr schnell ab, wenn sie abgegossen und mit der Sauce verrührt ist; in der Pergamenthülle aber bleibt sie wunderbar heiß.

4 Portionen

2 EL Olivenöl
1 große geschälte Knoblauchzehe
450 g frische, reife, gehackte Tomaten
Meersalz und frisch gemahlener schwarzer Pfeffer
1 TL frischer roter Peperoncino, entkernt und klein gehackt
275 g Spaghetti
10 schwarze entkernte Oliven
1 Bund frische glatte gehackte Petersilie
frisch geriebener Parmesan nach Geschmack

~ Ich verwende immer glatte Petersilie. Sie ist leichter zu waschen und zu hacken und geschmacksintensiver als krause Petersilie. Petersilie enthält Calcium und Eisen; bereits 5 g Blattpetersilie decken den Tagesbedarf an Provitamin A; 30 g den an Vitamin C.

1 Den Backofen auf 200 °C vorheizen. Gasherd Stufe 2–3. Vier Pergamentblätter 30 × 20 cm groß vorbereiten.

2 Olivenöl in einem Topf bei mittlerer Temperatur erhitzen, Knoblauchzehe darin ca. 2 Minuten lang anschwitzen.

3 Die Knoblauchzehe herausnehmen, Tomatenstücke zugeben und 20 Minuten im Öl dünsten. Mit einem Holzlöffel gelegentlich umrühren. Mit Salz und Pfeffer würzen, Peperoncino zugeben. Den Topfinhalt durch ein Sieb drücken und anschließend erneut bei mittlerer Hitze 10 Minuten lang köcheln lassen.

4 In der Zwischenzeit die Pasta in reichlich Salzwasser halb so lang wie auf der Packung angegeben kochen. Gut abgießen.

5 Die Oliven und die Hälfte der Petersilie dem Tomatensugo zufügen und in die Pasta rühren. Abschmecken. Die jeweiligen Pastaportionen in die Mitte des Pergamentpapiers geben, die Ecken zur Mitte hin einschlagen und gut verschließen. Die Päckchen auf einem Blech im Backofen, je nach Dicke der Spaghetti, etwa 7 Minuten backen.

6 Das Blech aus dem Backofen nehmen und die einzelnen Päckchen auf einen warmen Teller legen. Die Gäste können ihre geöffneten Päckchen mit der noch übrigen Petersilie und dem geriebenen Parmesan bestreuen.

Spaghetti alla norcina ~ Spaghetti mit Trüffeln oder Pilzen

Trüffeln sind ein Synonym für Italien. Die weiße Alba-Trüffel aus dem Piemont wird hoch geschätzt und teuer gehandelt, sie ist teurer als Kaviar. Die schwarzen Trüffeln aus Norcia in Umbrien erzielen weniger hohe Preise, ich finde sie jedoch aromatischer. Wintertrüffeln (*d'inverno*) haben einen intensiveren Geschmack als Sommertrüffeln (*d'estate*).Frische Trüffeln können in ein sauberes Tuch gewickelt in einer verschlossenen Dose im Gemüsefach des Kühlschranks einige Tage aufbewahrt werden.

3–4 Portionen

2 EL Olivenöl
1 schwarze, in dünne Scheiben gehobelte Trüffel oder
55 g getrocknete und eingeweichte *porcini*-Steinpilze
1 geschälte, gehackte Knoblauchzehe
1 Bund glatte gehackte Petersilie
Meersalz und frisch gemahlener schwarzer Pfeffer
275 g Spaghetti
1 Bund frisches Basilikum

1 Olivenöl in einer Pfanne erhitzen und darin die Trüffeln oder die eingeweichten Steinpilze 5 Minuten sanft andünsten. Von der Kochstelle nehmen und Knoblauch und Petersilie zugeben. Anschließend erneut einige Minuten lang dünsten. Mit Salz und Pfeffer abschmecken.

2 Die Spaghetti in reichlich Salzwasser al dente kochen. Gut abgießen, die Pasta in eine vorgewärmte Servierschale geben.

3 Die Sauce gut mit den Spaghetti verrühren und die fein gerupften Basilikumblätter dazugeben.

~ Frische Trüffeln nur leicht mit einem weichen Bürstchen reinigen oder mit einem Tuch abreiben. Hauchdünn gehobelt können die Trüffelspäne auch roh über die Spaghetti gegeben werden.
Getrocknete Pilze immer in kaltes Wasser einlegen, die Pilze sollten nur leicht bedeckt sein, damit ihnen möglichst wenig Aroma entzogen wird. Etwa 10 Minuten einweichen, einzeln herausnehmen, damit Schmutzreste im Wasser bleiben. Das gesiebte Wasser kann als Grundlage für eine Brühe verwendet werden.

Spaghetti Vesuvio ~ Spaghetti mit Vesuv-Sauce

In der Nähe von Neapel habe ich zum ersten Mal dieses Gericht genossen – mit Blick auf den Vesuv und die sanft aus dem Vulkanschlot steigenden Rauchwolken.

3–4 Portionen

- 1 EL Olivenöl
- 400 g Eiertomaten aus der Dose
- 1 geschälte, gehackte Knoblauchzehe
- 1 TL getrockneter Oregano oder 1 Zweig frischer Oregano
- Meersalz und frisch gemahlener schwarzer Pfeffer
- 275 g Spaghetti
- 200 g in Scheiben geschnittener Mozzarella
- 55 g frisch geriebener Parmesan nach Geschmack

1 Olivenöl in einer Pfanne langsam erhitzen, die Tomaten mit ihrem Saft und den Knoblauch zugeben. Oregano, Salz und Pfeffer einrühren und 20 Minuten bei großer Hitze kochen.

2 Die Pasta in reichlich Salzwasser al dente kochen, gründlich abgießen.

3 Tomatensauce und Mozzarellascheiben zur Pasta geben. Den Topf gut schwenken, verschließen und etwa 2 Minuten stehen lassen, damit der Mozzarella schmelzen kann. Der geschmolzene Käse sieht dann aus wie die flüssigen Lavaströme des Vulkans.

4 Mit Parmesan bestreuen und sofort servieren.

~ Italiener ziehen Tomaten in Dosen jenen in Tetrapacks vor; diese sind meist auch billiger. Die Vorurteile gegenüber Dosentomaten sollten nicht allzu hoch bewertet werden. Dosen sind eine zuverlässige Konservierungsmethode, und die dafür verwendeten Tomaten sind von höchster Qualität und Frische. Und nicht zuletzt sind sie ein »eiserner Vorrat« aus dem sich viele Gerichte zaubern lassen.

Tortelli di patate ~ Kartoffeltortelli

Dieses Rezept ist meinem Vater gewidmet, einem großen Liebhaber von Kartoffeln, die er auch selbst anbaute. Pasta mit Kartoffeln zu kombinieren mag auf den ersten Blick seltsam anmuten, aber ich verspreche Ihnen, Sie werden vom Ergebnis überrascht sein. Übrigens gibt es eine ähnliche Kombination in Süddeutschland.

6 Portionen

Pasta

250 g »Farina bianca 00«,
italienisches Mehl
ersatzweise Mehl Type 405 oder
»Wiener Griessler«
250 g Hartweizengrieß
2 TL Meersalz
5 Eier von freilaufenden Hühnern
1 EL Olivenöl

Füllung

600 g gewaschene Kartoffeln
100 g frisch geriebener Parmesan
2 geschälte, gehackte Knoblauchzehen
1 Bund glatte gehackte Petersilie
4 reife, enthäutete und geviertelte Tomaten
1/2 TL frisch geriebene Muskatnuss
1 verquirltes Ei
Meersalz und frisch gemahlener schwarzer Pfeffer

zum Anrichten

frisch geriebener Parmesan

1 Mehl und Grieß mit dem Salz auf einer Arbeitsfläche vermischen, eine Mulde formen und die Eier hineinschlagen. Olivenöl zugeben und dann sorgfältig und geduldig zu einem Teig kneten. Zu einem Ball formen, zugedeckt ruhen lassen, währenddessen die Füllung zubereiten :

2 Kartoffeln mit der Schale kochen, bis sie weich sind. Die Schale abziehen und die Kartoffeln zerstampfen. Mit den restlichen Zutaten - ohne Ei - vermischen und mit Salz und Pfeffer würzen. Erst zum Schluss das Ei einrühren.

3 Den Nudelteig dünn ausrollen und in 3 cm breite Streifen schneiden. Auf die Hälfte der Streifen in gleichmäßigen Abständen insgesamt 5 bis 6 Esslöffel Füllung geben. Mit den übrigen Streifen bedecken und die Ränder festdrücken. Schließlich jeden Streifen in 3 cm lange Stücke schneiden (dadurch werden die Pastaränder geschlossen) und diese auf ein mehlbestäubtes Tuch legen.

4 Die Tortelli in reichlich Salzwasser kochen; sie müssen weich und vor allem an der dicksten Stelle durch, aber noch bissfest sein. Wasser gründlich abgießen.

5 Mit Parmesan servieren.

~ Dieses Nudelteigrezept hat sich nach meiner langjährigen Erfahrung als das praktikabelste erwiesen.»Farina bianca 00« ist nicht überall erhältlich; das Rezept gelingt auch mit dem handelsüblichen Weißmehl, besser geeignet sind noch »Wiener Griessler« oder »Dunst«. Der Hartweizengrieß verleiht der Pasta Farbe, Geschmack und eine gewisse Körnigkeit. Mit dem Teig kann man Pappardelle, Tagliatelle, Tortellini, Ravioli, Lasagne etc. herstellen.

Kartoffeln, die mit der Schale gekocht werden, behalten ihren Eigengeschmack. Lassen Sie die Kartoffeln ausreichend abkühlen, die Schale lässt sich dann ganz leicht abziehen.

Spaghetti con oliva ~ Spaghetti mit Oliven

Experimentieren Sie ruhig mit Ihren Lieblings-Olivensorten. Gleichgültig, ob Sie grüne, violette oder schwarze Oliven nehmen, spülen Sie sie in jedem Fall gut ab, um die Salzlake zu entfernen. Oder marinieren Sie sie selbst. Die Gaeta-Olive aus der Umgebung von Neapel entwickelt ein ausgezeichnetes Aroma, wenn sie zuerst gewaschen, dann trockengetupft mindestens zehn Tage lang zusammen mit Fenchelsamen, Knoblauch und wenig Peperoncino in natives Olivenöl eingelegt wird.

4 Portionen

150 ml Olivenöl, gute Qualität
1 gelbe Paprikaschote, entkernt und in Streifen geschnitten
3 gehäutete und gehackte Tomaten
Meersalz und frisch gemahlener schwarzer Pfeffer
100 g entkernte und halbierte schwarze Oliven
275 g Spaghetti
65 g Pecorino oder frisch geriebener Parmesan
1 Bund glatte fein gehackte Petersilie

1 Olivenöl in einem großen Topf erhitzen, die Paprikastreifen und Tomatenstücke dazugeben und mit Salz und Pfeffer würzen. Den Topf abdecken und das Gemüse bei milder Hitze 20 Minuten köcheln lassen. Gelegentlich umrühren. Oliven hinzufügen und weitere 5 Minuten dünsten.

2 In der Zwischenzeit die Spaghetti in reichlich Salzwasser al dente kochen. Gründlich abgießen und zur Sauce geben.

3 Gut durchrühren, in eine vorgewärmte Servierschale geben und mit Käse und Petersilie bestreuen. Sofort servieren.

~ Oliven enthalten wie das Öl einfach ungesättigte Fettsäuren; sie schützen Herz und Blutgefäße und tragen zur Senkung des Cholesterinspiegels bei. Vorsicht: Oliven in Salzlake haben einen hohen Natriumanteil.

Spaghetti aglio olio e peperoncino ~

Spaghetti mit Knoblauch, Öl und Peperoncino

Ein sehr einfaches, aber schmackhaftes Gericht, das ich oft zubereite, wenn ich nach dem Urlaub nach Hause komme und einen fast leeren Kühlschrank vorfinde.

4 Portionen

275 g Spaghetti
Meersalz und frisch gemahlener schwarzer Pfeffer
4 EL natives Olivenöl extra
2 geschälte Knoblauchzehen
1 frischer roter, entkernter Peperoncino, in Streifen geschnitten
1 Bund glatte klein gehackte Petersilie
frisch geriebener Parmesan nach Geschmack

1 Spaghetti in reichlich Salzwasser al dente kochen.

2 In der Zwischenzeit das Öl in einer Pfanne erhitzen, Knoblauch und Peperoncino zugeben und vorsichtig andünsten, bis sich der Knoblauch leicht verfärbt.

3 Spaghetti gründlich abgießen und in eine vorgewärmte Servierschale geben.

4 Knoblauch und Peperoncinostreifen aus der Pfanne entfernen. Petersilie in das Öl rühren und über die Spaghetti gießen. Sofort servieren. Dazu Parmesan reichen.

~ Knoblauch ist eines der ältesten Naturheilmittel der Menschen. Die Knolle enthält Vitamine, viele Mineralien und das schwefelhaltige ätherische Öl Allicin , das für ihren Geruch verantwortlich ist und dem die gesundheitsfördernde Wirkung zugeschrieben wird. In Öl angedünstet, stimuliert bereits der Geruch die Verdauungssäfte. Noch bevor Sie etwas zu sich genommen haben, wird also schon die Verdauung angeregt.

Lasagne con melanzane ~ Lasagne mit Auberginen

Gefüllte Lasagne sollen aus Neapel stammen; bereits Apicius berichtet in seinem Buch » De re coquinaria« über grüne Lasagne. Gebackene Pasta mit Gemüsefüllung ist gesund, außerordentlich wohlschmeckend und sehr sättigend – das perfekte Gericht für ein Essen mit Freunden oder der Familie.

4 Portionen

- 4 EL natives Olivenöl extra
- 1 große geschälte, gepresste Knoblauchzehe
- 1 große geschälte, gehackte weiße Zwiebel
- 400 g in Stücke geschnittene Dosentomaten
- 3 EL Rotwein
- Meersalz und frisch gemahlener schwarzer Pfeffer
- 1 feste reife große Aubergine
- 175 g Lasagneblätter (fertiger Pastateig, der nicht mehr gekocht werden muss)
- 450 g in Scheiben geschnittener Mozzarella
- frische Basilikumblätter

1 Die Hälfte des Olivenöls in einem großen Topf erhitzen, Knoblauch zugeben und einige Minuten lang anschwitzen. Zwiebeln zugeben und glasig werden lassen. Die Hitzezufuhr zurücknehmen, Tomaten, Wein, Salz und Pfeffer in den Topf geben und 20 Minuten kochen. Zur Seite stellen.

2 Die Aubergine der Länge nach (oder quer) in 3 mm dicke Scheiben schneiden und schichtweise in ein Sieb legen. Die einzelnen Auberginenscheiben einsalzen und dann 15 Minuten ziehen lassen. Gut abspülen, um das Salz zu entfernen, und trocken tupfen.

3 In der Zwischenzeit den Backofen auf 200 °C vorheizen. Gasherd Stufe 2–3.

4 Das noch übrige Öl in einer Bratpfanne erhitzen und die Auberginenscheiben schnell, auf jeder Seite etwa 2 Minuten lang, anbraten, bis sie weich sind. Auf einer Lage Küchenkrepp entfetten.

5 Nudelplatten in einer Lasagneform auslegen und mit einem Drittel der Tomatensauce bedecken. Auf die zweite Lage Teigplatten ein wenig Sauce und die Hälfte der Auberginen- und Mozzarellascheiben geben. Mit Käse und Basilikumblättern bestreuen. Eine weitere Teigplatte mit Auberginen- und Mozzarellascheiben belegen und Tomatensauce darüber geben. Die Form mit Aluminiumfolie abdecken.

6 Die Lasagne im vorgeheizten Backofen 25 Minuten lang backen, bis sie Blasen wirft.

~ Wenn Sie Gäste erwarten, kann das Gericht bereits einen Tag vorher zubereitet werden und während Sie den Aperitif reichen, erwärmt werden. Auberginen gelten in Italien als das »Fleisch der armen Leute«; sie sind nahrhaft und sättigend.

Lasagne di radicchio alla Trevigiana ~ Radicchio-Lasagne

Meine große Liebe gehört dem Radicchio, den auch mein Vater angebaut hat. Zwischen dem Stecken und der Ernte liegen sechs Wochen, in geeignetem Klima lässt er sich auch im Garten ziehen. Man unterscheidet grob zwei Arten: den runden, den man überall bekommt, und den langen, dünnen Treviso. Treviso schmeckt weniger bitter und ist dafür viel intensiver im Geschmack.

4 Portionen

3 Treviso-Radicchioköpfe
3 EL Olivenöl
1 geputzte und geviertelte Fenchelknolle mittlerer Größe
300 g grüne Lasagneblätter
1 geschälte, fein gehackte Zwiebel
85 g Butter
55 g Weizenmehl
1 geschälte, gepresste Knoblauchzehe
500 ml Milch
Meersalz und frisch gemahlener schwarzer Pfeffer
150 g gewürfelter Dolcelatte-Käse (ein besonders milder Gorgonzola-Typ)

~ Eine Freundin sagte mir, Radicchio verliere seinen bitteren Geschmack, wenn man ihn eine halbe Stunde in Wasser legt. Aber es ist genau dieser bittere Geschmack, den Kenner so mögen und von dem sie glauben, dass er die Leber anregt, das Organ, das entscheidend zum gesundheitlichen Wohlergehen beiträgt.

1 Den Backofen auf 200 °C vorheizen. Gasherd Stufe 2–3.

2 Radicchio klein hacken, gut waschen und trocken tupfen. Auf ein Backblech legen und mit Olivenöl beträufeln. 10 Minuten im vorgeheizten Ofen backen, bis sich der Radicchio verfärbt und leicht angebräunt aussieht. Sein Aroma kommt dann am besten zur Geltung. Zur Seite stellen.

3 In der Zwischenzeit die Fenchelviertel über kochendem Wasser 12 Minuten dämpfen (sie sollten etwa al dente sein). Herausnehmen und fein hacken.

4 Die Lasagneplatten in reichlich Salzwasser al dente kochen. Wasser abgießen, zur Seite stellen.

5 Für die Sauce die Butter in einem Topf zerlassen und die Zwiebel goldbraun-glasig andünsten. Mehl, Knoblauch und Fenchel zugeben und einige Minuten einkochen lassen, damit der Mehlgeschmack verschwindet. Anschließend Milch und etwas Salz und Pfeffer hinzufügen, von der Kochstelle nehmen und mit einem Holzlöffel kräftig umrühren.

6 Erneut auf die Kochstelle geben und unter ständigem Rühren aufkochen lassen, bis die Sauce eindickt. Die Dolcelatte-Würfel zugeben und gut einrühren. Mit Gewürzen abschmecken.

7 Eine ofenfeste Auflaufform abwechselnd mit einer Lage Sauce, Radicchio und Pasta belegen. Die Sauce sollte den Abschluss bilden.

8 In den vorgeheizten Backofen stellen (bei gleicher Temperatur wie oben) und etwa 20 Minuten goldbraun backen.

Farfalle alla polcerverasca ~
Farfalle mit Butter- und Majoransauce

Dieses Rezept möchte ich all jenen widmen, die abends müde von der Arbeit nach Hause kommen und Appetit haben auf eine einfache, wohlschmeckende Mahlzeit. Das Gericht lässt sich sehr schnell zubereiten; genau das Richtige also, wenn man Hunger hat. (Soll es noch schneller gehen, verwenden Sie einfach eine dünnere Pasta.)

4 Portionen

50 g ungesalzene Butter
1 EL gehackte Pinienkerne
1 EL frischer gehackter Majoran
Meersalz und frisch gemahlener schwarzer Pfeffer
275 g Farfalle
85 g frisch geriebener Parmesan

1 Butter in einer kleinen Pfanne schmelzen lassen, Pinienkerne und Majoran dazugeben und 1 Minute einrühren. Gut würzen.

2 In der Zwischenzeit Farfalle in reichlich Salzwasser al dente kochen. Abgießen und mit der Butter-Majoransauce vermischen.

3 Mit Parmesan bestreuen und sofort servieren.

~ Majoran wirkt nerven- und magenstärkend, beruhigend, ist krampf- und schleimlösend und er hilft bei Appetitlosigkeit. Er gehört zu den antiseptischen Kräutern, er lindert Erkältungskrankheiten und Gliederschmerzen.

Vermicelli al rancetto ~ Vermicelli in Tomaten- und Majoransauce

Diese Sauce ist einfach zuzubereiten; am besten ist es natürlich, wenn Sie Ihre eigenen Kräuter anbauen; der frisch gepflückte Majoran verleiht der Tomatensauce eine leicht scharfe Note.

3–4 Portionen

4 EL natives Olivenöl extra
1 geschälte, in Ringe geschnittene Zwiebel
1 EL frischer gehackter Majoran
1 Bund glatte fein gehackte Petersilie
200 g Eiertomaten aus der Dose
Meersalz und frisch gemahlener schwarzer Pfeffer
275 g Vermicelli
55 g geriebener Pecorino

1 Olivenöl in einem mittelgroßen Topf erhitzen. Zwiebeln dazugeben und glasig andünsten. Majoran, Petersilie und Tomaten hinzufügen und mit einem Holzlöffel die Tomaten zerdrücken. Mit Salz und Pfeffer würzen und bei geschlossenem Deckel 20 Minuten lang dünsten.

2 Die Vermicelli in reichlich Salzwasser al dente kochen, gut abgießen.

3 Sauce und Käse zur heißen Pasta geben, gut vermischen und sofort servieren.

~ Die Neapolitaner nennen die Spaghetti *vermicelli*, was in der Übersetzung eigentlich »kleine Würmer« bedeutet.

Pennette in padella ~ Penne aus der Pfanne

Penne sind röhrenförmige Nudeln mit schräg abgeschnittenen Enden, glatt oder gerillt, von unterschiedlicher Länge (Pennette sind etwas kleiner als Penne). Das vorliegende Rezept wurde von der Familie Lungarotti kreiert, die in Torgiano, Umbrien, ein reizendes Hotel, einen Weinberg und ein Weinmuseum leitet. Der berühmteste ihrer ausgezeichneten Weine ist ein San Giorgio, dessen Verkostung – sollte sich Ihnen die Gelegenheit bieten – Sie sich nicht entgehen lassen dürfen.

4 Portionen

- 1 feste und reife Aubergine mittlerer Größe
- Meersalz und frisch gemahlener schwarzer Pfeffer
- 4 EL natives Olivenöl extra
- 3 EL Rotwein
- 1 kleine geschälte, fein gehackte Zwiebel
- 1 geschälte, gepresste Knoblauchzehe
- 400 g in Stücke geschnittene Dosentomaten
- 275 g Pennette oder Penne
- 2 EL Crème fraîche oder Crème double
- 1 EL frischer, fein gehackter Oregano
- 1 EL glatte fein gehackte Petersilie
- 2 EL frisch geriebener Parmesan

1 Die Aubergine in kleine Würfel schneiden, mit Salz bestreuen, in eine Schale geben, abdecken und 15 Minuten ziehen lassen. Anschließend gut abspülen, um das Salz zu entfernen, und trockentupfen.

2 Olivenöl in einer Pfanne erhitzen, Auberginenstücke zugeben und 5 Minuten goldbraun anbraten. Wein hinzufügen, 5 Minuten dünsten lassen, anschließend mit Salz und Pfeffer würzen.

3 Zwiebel, Knoblauch und Tomaten zur Aubergine geben, aufkochen und weitere 15 Minuten lang vor sich hin köcheln lassen (falls nötig, ein wenig Wasser zugeben).

4 Die Pasta in reichlich Salzwasser al dente kochen.

5 Crème fraîche, Oregano und Petersilie in die Sauce rühren, mit Gewürzen abschmecken.

6 Pasta abgießen, zur Sauce geben und gut verrühren. Mit Parmesan bestreuen und heiß servieren.

~ Viele Köche/innen verzichten heutzutage auf das Salzen der Auberginen. Ich halte es nach wie vor für sehr wichtig. Die Auberginen werden dadurch zarter, intensiver im Geschmack und saugen sich weit weniger stark mit Öl voll.

Penne al cavolfiore ~ Penne mit Blumenkohl

In Italien wird farbiger Blumenkohl auch »Broccoli« genannt. Broccoli romano ist die Bezeichnung für rot-violetten Blumenkohl. Ich möchte ihn hier in Verbindung mit Pasta und Peperoncino vorstellen, einer phantastischen Kombination. Blumenkohl findet sich vor allem in Süditalien. Auf den Speisenkarten im Norden werden Sie ihn eher selten antreffen.

4 Portionen

- 1 1/2 EL Olivenöl
- 2 geschälte gehackte Knoblauchzehen
- 1 kleiner frischer roter Peperoncino, ganz oder klein gehackt
- 1 kleiner Blumenkohl (rot oder weiß), in Röschen geschnitten
- 200 g in Stücke geschnittene Dosentomaten
- 250 ml selbst gemachte Gemüsebrühe (siehe Seite 61) oder Wasser
- 275 g Penne
- 200 ml Crème fraîche oder Crème double
- 1 Bund glatte gehackte Petersilie
- 4 frische fein gehackte Salbeiblätter
- Meersalz und frisch gemahlener schwarzer Pfeffer

1 Olivenöl erhitzen, den Knoblauch und den gehackten oder ganzen Peperoncino zugeben. 3 Minuten bei niedriger Hitze andünsten, anschließend die Blumenkohlröschen hinzufügen. Nach 5 Minuten die Tomaten mit ihrem Saft, die Kräuter und Gewürze zugeben und bei milder Hitze 10 Minuten köcheln lassen.

2 Gemüsebrühe zugießen; die erforderliche Menge richtet sich nach der Menge des Blumenkohls.

3 Das Gemüse vor sich hin köcheln lassen, während Sie die Pasta in reichlich Salzwasser al dente kochen.

4 Crème fraîche zur Blumenkohlsauce geben. Den ganzen Peperoncino herausnehmen und die Blumenkohlröschen mit einem Kartoffelstampfer grob zerdrücken.

5 Pasta abgießen und Kräuter und Sauce einrühren. Sofort servieren.

Blumenkohl enthält Provitamin A und Vitamin C, lebensnotwendige Mineralstoffe und Spurenelemente, die das Immunsystem stärken.

Rigatoni con broccoli e gorgonzola ~

Rigatoni mit Brokkoli und Gorgonzola

Durch die Kombination der vier Hauptzutaten entsteht ein überaus köstliches und nährstoffreiches Gericht. Verwenden Sie möglichst italienische Pinienkerne (von der Nusskiefer, Pinus pinea); sie sind länger, dünner und ölhaltiger – und damit voller im Geschmack – als die asiatischen Sorten. Die beste Qualität, die leider auch teuer ist, kommt aus den Pinienhainen der Toskana. Die geöffnete Packung im Kühlschrank aufbewahren und darauf achten, dass das Fett nicht ranzig wird.

4 Portionen

40 g Pinienkerne
100 g Brokkoliröschen
100 g Blumenkohlröschen
1 rote, geschälte und fein gehackte Zwiebel
2 EL Olivenöl
1 EL frischer, gehackter Thymian
Meersalz und frisch gemahlener schwarzer Pfeffer
275 g Rigatoni (kurze dicke gerillte Nudeln)
100 g in Würfel geschnittener Gorgonzola

1 Pinienkerne auf einer Aluminiumfolie unter dem Grill rösten. Häufig wenden, bis sie goldbraun sind.

2 Brokkoli und Blumenkohl etwa 8 Minuten (abhängig von der Größe der Röschen) dämpfen, bis sie weich sind.

3 In der Zwischenzeit die Zwiebel im Öl glasig andünsten, anschließend Thymian, Salz und Pfeffer zugeben.

4 Die Pasta in reichlich Salzwasser al dente kochen. Gründlich abgießen.

5 Gorgonzolawürfel zusammen mit den Pinienkernen, dem Brokkoli und dem Blumenkohl zu den Zwiebeln geben. Gut mit der Pasta verrühren. Nachwürzen und servieren.

~ Alle Blauschimmelkäsesorten enthalten natürliches Penicillin, das zur Stärkung des Immunsystems beiträgt.

Bucatini alla Siracusana ~ Pasta à la Syrakus

Meiner Meinung nach gibt es kein Pastarezept, das mehr Charakter und Eigenständigkeit aufweist als dieses aus Syrakus in Sizilien stammende Gericht. Es vereint in sich einen gewissen Grad an Schärfe, Aroma, Farbe und Leidenschaft, wie sie charakteristisch sind für das auf vielfältige Weise von Griechenland und Nordafrika geprägte Leben und Essen auf Sizilien.

4 Portionen

1 kleine Aubergine
Meersalz und frisch gemahlener schwarzer Pfeffer
2 EL Olivenöl
2 geschälte, gepresste Knoblauchzehen
3 reife, gehackte Eiertomaten (San Marzano)
1 kleine gelbe, in dünne Streifen geschnittene Paprikaschote
10 schwarze entkernte und in kleine Stücke geschnittene Oliven
10 gewaschene Kapern
275 g Bucatini (dicke hohle Spaghetti) oder Ihre Lieblingspasta
1 Bund frisches Basilikum
frisch geriebener Pecorino romano nach Geschmack

1 Aubergine würfeln, in ein Sieb geben, salzen, mit einem Tuch abdecken und 15 Minuten ziehen lassen. Das Salz abspülen und das Gemüse trocken tupfen.

2 In einem großen Topf das Olivenöl erhitzen und den Knoblauch sanft andünsten. Auberginenwürfel dazugeben und etwa 8 Minuten anbraten, bis sie weich und goldbraun sind.

3 Tomaten, Paprika, Oliven, Kapern und Gewürze zugeben. Gut verrühren und bei geschlossenem Topf 20 Minuten kochen.

4 Pasta in reichlich Salzwasser al dente kochen. Abgießen. Die Sauce und die zerkleinerten Basilikumblätter zu den Nudeln geben und gut durchmischen. Sofort servieren; separat dazu den Käse reichen.

~ Frisches Basilikum immer erst gegen Ende der Zubereitung zum Gericht geben, da die ätherischen Öle sonst durch die Hitze zerstört werden. Die Blätter sollte man immer mit der Hand klein zupfen, da das Hackmesser die Zellstruktur zerstört und der Saft im Hackbrett verbleibt.

Rotolo ripieno ~ Pastarolle mit Spinat

Diese knusprige und krosse Pastarolle habe ich bislang ausschließlich in Norditalien gegessen. Ich verwende hier die klassische Spinatfüllung, Sie können die Füllung aber auch mit Pilzen oder Ricotta zubereiten.

4–6 Portionen

Pasta

150 g italienisches Mehl »Farina bianca 00«
ersatzweise Mehl Type 405 oder »Dunst«
150 g Hartweizengrieß
1 Prise Meersalz
2 große Eier von freilaufenden Hühnern
1 EL Olivenöl

Füllung

4 Tomaten
350 g frischer Spinat
175 g Ricotta
frisch geriebene Muskatnuss
Meersalz und frisch gemahlener schwarzer Pfeffer

zum Anrichten

25 g Butter
25 g frisch geriebener Parmesan

~ Zum Übergießen der *rotolo* eignet sich eine Salbeibutter - Butter einfach zusammen mit Salbeiblättern schmelzen - hervorragend.

1 Pastateig wie für die Kartoffeltortelli herstellen (siehe Seite 34–35). Abdecken und zur Seite stellen.

2 Tomaten für etwa 30 Sekunden in einen Topf mit kochendem Wasser geben, herausnehmen und in kaltem Wasser abschrecken. Häuten und das Fruchtfleisch in kleine Stücke hacken.

3 Den Spinat waschen und die nassen Blätter in einen erhitzten Topf geben, ohne zusätzliches Wasser nachzufüllen. 5 Minuten lang dünsten (oder bis die Blätter zusammenfallen), gründlich abgießen und das restliche Wasser auspressen. Die Spinatblätter fein hacken und in eine Schale geben. Tomaten, Ricotta, Muskatnuss, Salz und Pfeffer hinzufügen und gut mischen.

4 Den Pastateig zu einer rechteckigen Platte von etwa 3 mm Dicke ausrollen. Die Füllung über den Teig streichen, darauf achten, dass ein etwa 5 mm breiter Rand bleibt. Den Teig wie eine Biskuitrolle aufrollen, in ein Tuch schlagen und die Enden mit einem Faden zubinden.

5 Die eingeschlagene Rolle in eine lange, schmale ofenfeste Kasserolle legen, kaltes Salzwasser zugeben, so dass die Rolle bedeckt ist, und zum Kochen bringen. 20 Minuten lang kochen, herausnehmen und 5 Minuten abkühlen lassen.

6 Das Tuch entfernen und die Rolle in 2 cm breite Scheiben schneiden. Leicht überlappend in eine mit Butter eingefettete, ofenfeste Form geben. Die restliche Butter schmelzen und darüber gießen. Den Parmesan darüber streuen und 7 Minuten unter dem Grill des Backofens knusprig werden lassen. Sofort servieren.

Fettuccine con due formaggi e pistacchie ~

Fettuccine mit Käsesauce und Pistazien

Diese Pasta ist überaus einfach und rasch zuzubereiten und sie verwöhnt mit ihren grünen Pistazienkernen und den Basilikumblättern auch das Auge. Die langen Fettuccine passen hervorragend zur schweren Käsesauce.

4 Portionen
150 ml Crème double
40 g Dolcelatte-Käse
40 g frisch geriebener Parmesan
25 g ungesalzene Pistazienkerne
Meersalz und frisch gemahlener schwarzer Pfeffer
275 g Fettuccine (Bandnudeln)
1 Bund frisches Basilikum

1 Crème double in einen Topf geben und vorsichtig erhitzen. Temperatur zurückdrehen, den Dolcelatte hineinbröseln und unter Rühren schmelzen lassen. Parmesan zugeben und bei geringer Hitzezufuhr nur wenige Minuten lang einkochen, bis die Sauce dickflüssig ist.

2 Pistazien grob hacken. Zur Sauce geben und mit Salz und Pfeffer würzen.

3 Die Pasta in reichlich Salzwasser al dente kochen. Abgießen. Die Sauce unterrühren. Mit den zerkleinerten Basilikumblättern garnieren und heiß servieren.

~ Der Pistazienbaum (Anacardiaceae) ist mit dem Cashewnuss- und dem Mangobaum verwandt; die Kerne enthalten wie alle Nüsse einen hohen pflanzlichen Proteinanteil. Mit dem Käse und der Pasta ergibt dies ein Gericht von hohem Nährwert.

Fettuccine e ceci alla Napoletana ~

Fettuccine mit Kichererbsen

Dieses Rezept ist ein gutes Beispiel für die süditalienische Küche, die wenig Fleisch verwendet und den Protein- und Kohlenhydratbedarf vorwiegend mit Getreide und Hülsenfrüchten abdeckt. Der Käse liefert zusätzlichen Nährwert.

4 Portionen

200 g getrocknete Kichererbsen
1 l Wasser
3 Lorbeerblätter
3 EL natives Olivenöl extra
5 gehäutete und in Stücke geschnittene Tomaten
1 geschälte, gepresste Knoblauchzehe
1 Bund frische gehackte glatte Petersilie
Meersalz und frisch gemahlener schwarzer Pfeffer
275 g Fettuccine (Bandnudeln)
1 Bund Basilikum
frisch geriebener Parmesan nach Geschmack

1 Die Kichererbsen über Nacht in reichlich Wasser einweichen.

2 Kichererbsen abgießen, mit frischem Wasser und den Lorbeerblättern in einen großen Topf geben und zum Kochen bringen. Nach 10 Minuten die Temperatur zurückdrehen und weitere 40 Minuten lang köcheln lassen, bis die Erbsen weich sind.

3 Olivenöl, Tomaten, Knoblauch und die Hälfte der Petersilie zu den Erbsen geben. Erneut aufkochen lassen, würzen und die Fettuccine hinzugeben. Etwa 12 Minuten kochen, bis die Pasta weich ist. Falls nötig Wasser nachgießen.

4 Die restliche Petersilie und die mit der Hand zerkleinerten Basilikumblätter darüber streuen und sofort servieren. Dazu geriebenen Parmesan reichen.

~ Kichererbsen sind die Früchte von Leguminosen, die einen hohen Nährwert haben und reich an Fett, Kohlenhydraten , Eiweiß und Mineralstoffen sind (besonders Eisen und Calcium). Durch die Kombination von Getreide und Hülsenfrüchten, kann der Nährwert des Gerichts noch erheblich gesteigert werden.

Cannelloni con verdure e formaggio ~

Cannelloni mit Gemüse und Käse

Meine große Zuneigung gilt den Cannelloni, die es in Italien in beachtlicher Vielfalt gibt. Viele Cannelloni-Gerichte basieren auf Pastarollen, dieses hier, ein traditionelles Rezept aus Piacenza (Emilia-Romagna), wird aus Crespelle oder Pfannkuchen gemacht. Ein überaus leichtes Gericht, das sich hervorragend als Vorspeise eignet.

4 Portionen

Pfannkuchenteig

225 g Weizenmehl
1/2 TL Meersalz
1 1/2 TL frisch geriebene Muskatnuss
2 große verquirlte Eier von freilaufenden Hühnern
1 Eigelb
350 ml Vollmilch
1 EL ungesalzene geschmolzene Butter
3 EL frisch geriebener Parmesan
frisch gemahlener schwarzer Pfeffer

Füllung

350 g gut abgetropfter Ricotta
1 großes Ei von freilaufenden Hühnern
125 g knapp gekochter, gehackter Brokkoli
3 EL frisch geriebener Parmesan
4 reife gehäutete Tomaten, entkernt und klein gehackt
1 Bund frische gehackte glatte Petersilie
1 TL abgeriebene Schale einer unbehandelten Zitrone

Zum Kochen und Anrichten

3 EL ungesalzene geschmolzene Butter
frisch geriebener Parmesan nach Geschmack

1 Backofen auf 200 °C vorheizen. Gasherd Stufe 2–3.

2 Für den Pfannkuchenteig: Das Mehl sieben, in eine große Schüssel geben, salzen und mit der Muskatnuss würzen. Verquirlte Eier, Eigelb, Milch und geschmolzene Butter dazugeben. Kräftig schlagen, bis eine glatte Teigmasse entsteht. Erscheint sie zu dünn, etwas Mehl hinzufügen; erscheint sie zu dick, mit Milch aufgießen. Parmesan und etwas Pfeffer einrühren.

3 Ricotta und Ei in einer großen Schüssel verrühren. Die restlichen Zutaten für die Füllung dazugeben und vermischen.

4 Zum Backen der Crespelle: eine Crêpe- oder beschichtete Bratpfanne von 15 bis 20 cm Durchmesser leicht einfetten und bei mittlerer Temperatur erhitzen. Wenn sie heiß ist, Teigmasse in die Pfanne geben und gleichmäßig verteilen, so dass der ganze Pfannenboden von einer dünnen Schicht Teig bedeckt ist. Etwa 2 Minuten backen, bis die Unterseite leicht bräunlich wird. Die Crespella wenden und die zweite Seite goldbraun backen.

5 Die fertige Crespella auf ein Küchenpapier legen und den obigen Vorgang für die weiteren Crespelle wiederholen. Dabei jedesmal die Pfanne leicht einfetten, damit die Teigmasse nicht anklebt. Die Teigmasse sollte für 8 dünne Pfannkuchen reichen.

6 Die einzelnen Crespelle gleichmäßig mit der Füllung bestreichen und aufrollen. In eine geeignete, eingefettete ofenfeste Form geben. Die geschmolzene Butter darüber gießen und mit Parmesan bestreuen.

7 10 bis 15 Minuten im vorgeheizten Ofen backen, bis sie goldbraun sind. Sofort servieren.

RISOTTO

Pasta steht in Italien ganz oben auf dem Speisenplan, im Norden jedoch, wo hauptsächlich Reis angebaut wird, ist der Risotto das bevorzugte und beliebteste Gericht. Man findet ihn überall – von Mailand bis Venedig und von Turin bis Como – auf den Speisekarten der Restaurants und auf den heimischen Mittagstischen. Das nährstoffreiche Getreide wird meist mit Gemüse kombiniert, dazu kommt geriebener Parmesan, der Proteine und Calcium enthält.

Risotto ist einfach zuzubereiten, preiswert, enthält wertvolle Nährstoffe (besonders wenn er unpoliert ist; dann bleiben alle Vitamine und Mineralstoffe erhalten), er ist vielfältig variierbar und – wie Sie sicherlich entdecken werden – so köstlich, dass Sie danach süchtig werden können. Risotto wird aus dem Reis der Sorte »Japonica«, der in der Po-Ebene, in den Niederungen um Vercelli und Novara gedeiht, zubereitet. Der Reis wird grob in 3 Gruppen geordnet: rundkörnig – *ordinario* – für süße Speisen; etwas gestreckter – *semifino* – für Suppeneinlagen und langkörnig – *fino* oder *superfino* – für Risotti. Man unterscheidet weiterhin die Sorten *vialone nano, carnaroli* und *arborio* – das sind die bekanntesten. Vialone besitzt ein etwas runderes Korn und wird gerne für Fisch- und auch Pilz-Risotti verwendet. Carnaroli nimmt man vorzugsweise in Verbindung mit Gemüse, und arborio ist generell für alle Gerichte geeignet. Risotto-Reis zeichnet sich dadurch aus, dass er den Geschmack der Zutaten, mit denen er gekocht wird, in hohem Maße annimmt. Durch das Kochen gewinnt er eine Konsistenz, die in Italien als *all'onda* – »wellenförmig« – bezeichnet wird: Er ist sämig weich, während zugleich jedes einzelne Reiskorn fest und al dente bleibt. Diese Verschmelzung von geschmacksintensiven, festen Reiskörnern mit einer samtenen Konsistenz verleiht dem Risotto seinen besonderen Charakter und seine Einzigartigkeit.

Unabhängig vom *condimento* (den Zutaten und der Geschmacksrichtung) wird jeder Risotto auf die gleiche Weise zubereitet. Man sollte dafür einen hohen Topf verwenden. Der *riso* (Reis) wird zunächst mit einem *soffritto* verbunden (einer angeschmorten Mischung aus Fett und Gewürz, meist Butter oder Butter mit Olivenöl gemischt und mit gehackten Schalotten). Anschließend wird ein siedender *brodo* zugegeben (eine Brühe, die unbedingt frisch und selbst gemacht sein muss) oder eine Kombination von Wein und Brühe; die Flüssigkeit wird unter ständigem Rühren langsam und gleichmäßig hinzugefügt, damit der Reis sie sukzessive aufnehmen kann. Wenn die Körner zart, aber noch fest sind, gibt man Gewürze zu (der Reis wird hart, wenn man ihn bereits zu Beginn der Kochzeit salzen würde). Dann lässt man ihn ruhen, bevor man ihn auf vorgewärmten Tellern serviert.

Wie die Pasta gilt der Risotto in Italien als *primo piatto*, als erster Gang eines aus mehreren Gängen bestehenden Mahls, welche in wohlüberlegten Abständen aufgetragen werden.

Noch eine Anmerkung: Risottoreis niemals waschen, die Stärke wird vom Korn abgewaschen und damit der Halt für die Aromen.

Brodo di verdura ~ Gemüsebrühe

Diese Gemüsebrühe stellt den Grundstock aller Risotti dar, Sie können sie aber auch für Suppen verwenden. Falls Sie sie nicht einfrieren, kann sie bis zu drei Tage lang im Kühlschrank aufbewahrt werden.

Ergibt 1 Liter
- 2 geschälte Zwiebeln
- 12 Gewürznelken
- 1 geschälte Knoblauchzehe
- 6 gewaschene und geputzte Karotten
- 4 Lauchstangen
- 2 Selleriestangen
- 40 g ungesalzene Butter
- 1 EL Olivenöl
- 4 Lorbeerblätter
- 2 frische Thymianzweige
- 1 Bund frische glatte Petersilie

1 Zwiebeln schälen und eine davon mit den Nelken spicken. Die zweite Zwiebel, Knoblauch, Karotten, Lauch- und Selleriestangen klein hacken.

2 Butter und Olivenöl in einem großen schweren Topf erhitzen. Knoblauch zugeben und 2 Minuten andünsten. Die Zwiebel-, Karotten-, Lauch- und Selleriestücke sowie die gespickte Zwiebel hinzufügen und 5 bis 7 Minuten unter ständigem Umrühren dünsten, bis sie weich werden.

3 3 Liter Wasser zugießen, Lorbeerblätter, Thymian und Petersilie beifügen, zum Kochen bringen und anschließend zugedeckt 1 1/2 Stunden köcheln lassen.

4 Von der Kochstelle nehmen und in etwa 1 1/2 Stunden abkühlen lassen.

5 Den Topf wieder auf die Herdplatte stellen und weitere 15 Minuten köcheln lassen. Die Brühe durch ein Sieb gießen, Gemüseteile entfernen und die Flüssigkeit erneut in den Topf geben. Danach bei hoher Temperatur kochen, bis die Flüssigkeit auf etwa die Hälfte reduziert ist.

6 Vollständig abkühlen lassen, bevor Sie die Brühe im Kühlschrank aufbewahren.

~ Ich habe keine Gewürze aufgeführt. Sie können sie je nach individuellem Geschmack und Rezept zufügen, für das die Brühe verwendet werden soll. Niemals salzen, bevor die Brühe eingekocht ist, da sich der Salzgehalt sonst konzentriert.

Risotto ai funghi ~ Pilzrisotto

Dieser Risotto ist in der Pilzzeit von Ende August bis Oktober und von Januar bis Februar sehr beliebt. Man kann dazu die vielen, in Feinkostläden oder Supermärkten erhältlichen Pilzarten verwenden (oder selbst sammeln!). Geeignet sind Maronen, Pfifferlinge, Austernpilze u. a.; besonders lecker schmeckt der Risotto mit *porcini* (Steinpilzen).

4 Portionen

200 g gemischte Waldpilze
2 geschälte, gepresste Knoblauchzehen
6 geschälte, fein gehackte Schalotten
100 g ungesalzene Butter
Meersalz und frisch gemahlener schwarzer Pfeffer
1 frischer Rosmarinzweig, Nadeln klein gehackt
350 g Risottoreis Vialone nano
1 l heiße, selbst gemachte Gemüsebrühe (siehe Seite 61)
125 ml vorzugsweise trockener Weißwein
1 Bund frische, fein gehackte Petersilie
85 g frisch geriebener Parmesan nach Geschmack

1 Pilze gut putzen und in dünne Scheiben schneiden.

2 Knoblauch und Schalotten in der Hälfte der Butter glasig andünsten, anschließend die Pilze, Pfeffer und den Rosmarin zugeben.

3 Reis hinzufügen und alles gut verrühren. Eine Schöpfkelle voll heiße Gemüsebrühe dazugießen und dabei fortlaufend rühren, bis der Reis sie aufgenommen an. Auf diese Weise unter ständigem Rühren die restliche Brühe zugeben, was etwa 18 bis 20 Minuten dauert.

4 Salz, Wein, Petersilie, die noch übrige Butter und Parmesan zugeben und würzen.

5 Den Topf 1 Minute lang abdecken und den Reis ruhen lassen. Auf vorgewärmten Tellern servieren, dazu nach Geschmack geriebenen Parmesan reichen.

~ Das Geheimnis eines guten Risotto liegt im ständigen Rühren. Dadurch wird die im Reis enthaltene Stärke freigesetzt, und der Risotto wird köstlich sämig. Wichtig sind auch die vorgewärmten Teller. Auf einem kalten Telleruntergrund würde der heiße Reis ankleben, was die »wellenartige« Konsistenz zerstört.

Risotto alla Milanese ~ Klassisches Safranrisotto

Mailand ist die Heimat des Risotto, und das hier beschriebene Rezept ist eine einfache Abwandlung, denn das Original verlangt Rindermark zur Zubereitung. Ein sehr bekömmliches, wohlschmeckendes Gericht, über dem der verführerische Duft des Safrans schwebt.

4 Portionen

150 g ungesalzene Butter
1 EL Olivenöl
6 geschälte, fein gehackte Schalotten
Meersalz und frisch gemahlener schwarzer Pfeffer
7 EL trockener Weißwein
1 l heiße, selbst gemachte Gemüsebrühe (siehe Seite 61)
350 g Risottoreis (Vialone nano eignet sich hierzu am besten)
1/4 TL Safranpulver
100 g frisch geriebener Parmesan
4 EL Sahne
1 Bund glatte fein gehackte Petersilie

1 Butter und Olivenöl in einem Topf schmelzen, Schalotten und etwas Pfeffer zugeben und 5 Minuten glasig andünsten.

2 Wein und 7 EL Gemüsebrühe hinzugeben und auf die Hälfte einkochen lassen. In der Zwischenzeit die restliche Gemüsebrühe in einem separaten Topf vor sich hin köcheln lassen.

3 Den Reis zu den Schalotten und der eingekochten Flüssigkeit geben und 5 Minuten bei mittlerer Hitze kochen. Ständig umrühren. Safran zugeben und mit einem Schöpflöffel nach und nach die heiße Gemüsebrühe dazugießen. Dabei unablässig, etwa 18 bis 20 Minuten lang rühren, bis der Reis zart, aber noch körnig ist.

4 Von der Kochstelle nehmen, etwas Salz, Safran, Parmesan, Sahne und Petersilie zugeben und gut verrühren.

5 1 Minute ruhen lassen. Auf warmen Tellern servieren, dazu geriebenen Parmesan reichen.

~ Safran, die getrockneten Blütennarben des Krokus, werden mit der Hand gepflückt und sind äußerst teuer. Es gibt ihn in unterschiedlicher Form, ich verwende hier pulverisierten Safran, da der Reis dadurch gleichmäßig eingefärbt wird. Nehmen Sie nie eine größere als die im Rezept angegebene Menge, da Safran sehr aromatisch und intensiv ist. Spanischer Safran ist der beste; achten Sie darauf, echten Safran und keinen Ersatz zu kaufen.

Risotto alla zucca ~ Kürbisrisotto

Kürbis wird in Italien das gesamte Jahr über verzehrt. Die frischen Sommerkürbisse müssen rasch verbraucht werden, Winterkürbisse werden mit Stroh bedeckt, im Keller gelagert oder das Fruchtfleisch in Olivenöl konserviert und als Antipasto serviert. Daneben wird Kürbis für Pastasaucen, Tortelli und Gemüseaufläufe verwendet.

4 Portionen

- 2 geschälte, gepresste Knoblauchzehen
- 25 g ungesalzene Butter
- 2 EL Olivenöl
- 6 geschälte, fein gehackte Schalotten
- 500 g klein gehacktes Kürbisfruchtfleisch
- 350 g Carnaroli-Reis
- 1 l heiße, selbst gemachte Gemüsebrühe (siehe Seite 61)
- Meersalz und frisch gemahlener schwarzer Pfeffer
- 1 Bund glatte fein gehackte Petersilie oder Minze
- 4 EL frisch geriebener Parmesan

1 Knoblauch in Butter und Olivenöl glasig andünsten. Die Schalotten und den Kürbis zugeben und bei milder Hitze köcheln lassen, bis die Kürbisstücke weich sind.

2 Den Reis einrühren. Mit einem Schöpflöffel nach und nach die heiße Gemüsebrühe zugeben, dabei ständig rühren, bis der Reis eine sämige Konsistenz gewonnen hat. Das dauert etwa 18 bis 20 Minuten.

3 Salz, Pfeffer, Petersilie und Parmesan unterrühren.

4 Bei geschlossenem Deckel 1 Minute ruhen lassen. Auf vorgewärmten Tellern servieren.

~ Kürbisfruchtfleisch enthält viele Vitamine und Mineralien. Das gelbe Fruchtfleisch weist einen hohen Anteil an Beta-Karotin auf, dem wichtigen Provitamin A. Kürbis ist daher gut für die Haut und die Schleimhäute. Die Kürbiskerne, die man immer zum Verzehr aufheben sollte, wirken harntreibend und sollen das Nervensystem beruhigen.

Risotto con zucchine e fiori ~

Risotto mit Zucchini und Zucchiniblüten

Ein etwas ausgefallenes Gericht, da Zucchiniblüten nur schwer zu bekommen sind, es sei denn, man baut sie selbst an. Im Handel wirken sie oft etwas welk; ein kurzes Bad in Eiswasser verleiht ihnen jedoch wieder ihre alte Frische. Gut ausschütteln, da sich in den Blüten eventuell Insekten verbergen. Für mich sind Fiori di zucchine gleichbedeutend mit dem Beginn des Sommers.

4 Portionen

5 EL Olivenöl
6–8 junge, zarte und dünne Zucchini, in Scheiben geschnitten
8 oder mehr Zucchiniblüten (etwa 1 Bund)
6 geschälte, in Ringe geschnittene Schalotten
350 g Carnaroli-Reis
Meersalz und frisch gemahlener schwarzer Pfeffer
1 l heiße, selbst gemachte Gemüsebrühe (siehe Seite 61)
1 Bund frische, fein gehackte Minze
1 Bund glatte fein gehackte Petersilie
25 g ungesalzene Butter
50 g frisch geriebener Parmesan – nach Geschmack

1 Olivenöl in einer tiefen Bratpfanne erhitzen und die Zucchinischeiben darin 2 Minuten andünsten, bis sie weich sind.

2 Schalotten und Reis unterrühren und mit Pfeffer würzen. Unter ständigem Umrühren anschließend schöpflöffelweise die heiße Gemüsebrühe zugeben. Der Reis muss die Brühe vollständig aufgesogen haben, bevor Sie den nächsten Löffel dazugießen. Nach etwa 18 bis 20 Minuten sollte der Reis weich und sämig sein.

3 Die Zucchiniblüten leicht ausschütteln (um evtl. kleine Insekten zu entfernen), in den Reis geben und mit Salz, Minze, Petersilie, Butter und eventuell Parmesan würzen.

4 Bei geschlossenem Deckel 1 Minute ruhen lassen, anschließend auf vorgewärmten Tellern servieren.

~ Der Risotto schmeckt ebenso gut, wenn er nur aus jungen Zucchini zubereitet wird. Dann geriebenen Parmesan dazu reichen.

Risotto alla Parmigiana ~ Parmesan-Risotto

Ein wunderbares Rezept für die ganze Familie, das vor allem bei Kindern großen Anklang findet – meine Nichten und Neffen lieben es! Es ist ein nährstoffreiches, cremiges und sehr aromatisches Gericht.

4 Portionen
100 g ungesalzene Butter
1 EL Olivenöl
6 geschälte, fein gehackte Schalotten
Meersalz und frisch gemahlener schwarzer Pfeffer
350 g Carnaroli-Reis
1 l heiße, selbst gemachte Gemüsebrühe (siehe Seite 61)
3–4 EL trockener Weißwein
150 g frisch geriebener Parmesan

1 Butter und Olivenöl in einem Kochtopf erhitzen, Schalotten und ein wenig Pfeffer zugeben und etwa 5 Minuten glasig andünsten.

2 Den Reis einrühren. Anschließend schöpflöffelweise die heiße Gemüsebrühe zugeben, dabei ständig umrühren, bis der Reis zart, aber noch körnig ist. Dies dauert etwa 18 bis 20 Minuten.

3 Danach den Wein und Parmesan einrühren und mit Salz und Pfeffer würzen.

4 Bei geschlossenem Deckel 1 Minute ruhen lassen, bevor Sie das Gericht auf vorgewärmten Tellern servieren.

~ Der Parmigiano Reggiano wird oft als »der König« unter den italienischen Käsesorten bezeichnet. Er wird in einem eng begrenzten Erzeugungsgebiet wie Reggio Emilia und Parma aus entrahmter Abendmilch und frisch gemolkener fettreicher Morgenmilch hergestellt. Die Käselaibe werden nach 2 bis 3 Jahren Lagerzeit zu einer Spezialität mit hartem körnigem Inneren, dessen winzige Löcher etwas Feuchtigkeit(eine kleine Träne) enthalten sollen.
Der Grana Padano - das bedeutet: körniger Käse - kommt aus der Po-Ebene, hat eine etwas körnigere Struktur, ist etwas preisgünstiger und liegt in der Käserangfolge hinter der des Parmesans.

Risotto al radicchio ~ Radicchio-Risotto

Radicchio gilt allgemein als bitter. Wird er jedoch auf die hier beschriebene Art gekocht, verliert er viel von seinem herben Geschmack. Das Rezept stammt von Madalena Chapello, einer Freundin der Familie, bei der ich ein Wochenende verbrachte, um in die Geheimnisse der Radicchio-Zubereitung eingeweiht zu werden.

4 Portionen

- 6 geschälte, fein gehackte Schalotten
- 85 g ungesalzene Butter
- 1 EL Olivenöl
- 350 g Carnaroli-Reis
- 125 ml Roséwein
- 400 g gehackter Treviso-Radicchio
- Meersalz und frisch gemahlener schwarzer Pfeffer
- 1 l heiße, selbst gemachte Gemüsebrühe (siehe Seite 61)
- 85 g frisch geriebener Parmesan
- 1 Bund frisches Basilikum
- 2 EL glatte fein gehackte Petersilie

1 Schalotten in der Hälfte der Butter und dem Olivenöl glasig andünsten und den Reis einrühren.

2 Mit Wein ablöschen, gehackten Radicchio zugeben und mit Pfeffer würzen. Unter ständigem Rühren schöpflöffelweise die heiße Gemüsebrühe zugeben. Der Reis muss die Brühe vollständig aufgesogen haben, bevor Sie den nächsten Löffel Brühe hinzufügen. Der gesamte Vorgang dauert etwa 18 bis 20 Minuten.

3 Mit etwas Salz würzen, die restliche Butter, Parmesan, Petersilie und die klein gezupften Basilikumblätter zugeben und abschmecken.

4 Bei geschlossenem Deckel 1 Minute ruhen lassen. Sofort auf vorgewärmten Tellern servieren, dazu frisch geriebenen Parmesan reichen.

~ Der weiß-rote Radicchio aus Treviso mit seinen schlanken Blättern, ist von November bis März erhältlich; er hat den mildesten Geschmack. Der rundliche gescheckte aus Castelfranco schmeckt etwas herber und der das ganze Jahr über erhältliche Kugelkopf aus Chioggia(auch unter Glas gezüchtet)ist der bitterste.

Supplì di riso ~ Ausgebackene Risottobällchen

Hier handelt es sich um kein Risottorezept im herkömmlichen Sinn, der Reis wird jedoch auf die gleiche Weise zubereitet. Erst anschließend wird er gewürzt, zu kleinen Bällchen geformt und ausgebacken. In Süditalien nennen wir diese Bällchen *arancini*, »kleine Orangen« (sie haben auch ungefähr diese Größe), und jeder, der mit dem Schiff nach Sizilien übersetzt, scheint sie als Wegzehrung bei sich zu haben.

4 Portionen

800 ml selbst gemachte Gemüsebrühe (siehe Seite 61)
50 g ungesalzene Butter
275 g Arborio-Reis
175 g in Würfel oder Scheiben geschnittener Mozzarella
6 geschälte, fein gehackte Schalotten
eine Handvoll frische gehackte Kräuter nach Wahl
abgeriebene Schale einer großen unbehandelten Orange
6 EL frisch geriebener Parmesan
Meersalz und frisch gemahlener schwarzer Pfeffer
etwas Mehl
1 Ei
55 g Semmelbrösel
6 EL Olivenöl

1 Gemüsebrühe in einem Topf aufkochen und anschließend vor sich hin köcheln lassen.

2 Butter in einem großen Topf schmelzen, Reis zugeben und einige Minuten anschwitzen. Gemüsebrühe schöpflöffelweise einrühren, damit die Flüssigkeit jeweils schöpflöffelweise einziehen kann. Auf diese Weise unter ständigem Rühren etwa 20 Minuten lang fortfahren, bis der Reis gar und die Brühe vollständig eingekocht ist.

3 Käse, Schalotten, Kräuter, Orangenschale, Parmesan, Salz und Pfeffer zugeben, verrühren und abkühlen lassen.

4 Den Reis zu etwa pfirsichgroßen Bällchen formen. Das Ei verquirlen und die Reisbällchen erst im Mehl wälzen, dann in das Ei tunken und zuletzt in den Semmelbröseln wenden.

5 Olivenöl in einer tiefen Bratpfanne erhitzen und die Reisbällchen schwimmend darin goldbraun ausbacken. Auf Küchenpapier abtropfen lassen und heiß oder kalt servieren.

Supplì lassen sich mit einer Vielzahl von Füllungen kombinieren. Geben Sie einfach kleine gewürfelte Käse- oder auch Fleischstückchen in die Reisbällchen. Übrigens lautet der bildhaftere Name dieser römischen Spezialität *Supplì al telefono* – beißt man nämlich ein Stück der mit Käse gefüllten Reiskugel ab, so zieht der warme Käse Fäden!

Risotto di spinaci ~ Spinatrisotto

Ein Rezept für alle, die wie ich den Spinat lieben. Da die Italiener glauben, täglicher Spinatgenuss fördere die Gesundheit, ist er in Italien zu allen Jahreszeiten und in unzähligen Variationen auf der Speisekarte zu finden.

4 Portionen

1 kg Spinat
6 geschälte, fein gehackte Schalotten
85 g ungesalzene Butter
350 g Arborio-Reis
125 ml Weißwein
Meersalz und frisch gemahlener schwarzer Pfeffer
1 l heiße, selbst gemachte Gemüsebrühe (siehe Seite 61)
frisch geriebene Muskatnuss
85 g frisch geriebener Parmesan

1 Spinat einige Minuten dämpfen, bis er zusammenfällt. Gut abtropfen lassen, trocken pressen und fein hacken.

2 Die Hälfte der Butter schmelzen und die Schalotten andünsten. Reis zugeben, einige Minuten einrühren, anschließend gut mit dem Spinat, Wein und etwas schwarzem Pfeffer vermischen.

3 Die heiße Gemüsebrühe schöpflöffelweise zugeben und einrühren, bis sie ganz eingezogen ist. Auf diese Weise fortfahren, bis die Brühe aufgebraucht und der Reis gar und sämig ist.

4 Den Topf von der Kochstelle nehmen und die Muskatnuss, die restliche Butter, etwas Salz und den Parmesan unterrühren.

5 Bei geschlossenem Deckel 1 Minute ruhen lassen. Sofort auf vorgewärmten Tellern servieren, dazu geriebenen Parmesan reichen.

~ Der Nährwert von Spinat sowie der Eisen- und Calciumanteil sind bei weitem niedriger, als lange Zeit angenommen.Der geringe Gehalt an Oxalsäure ist unproblematisch. Spinat, ein grünes Gemüse, enthält jedoch Provitamin A und die Vitamine B_1 und B_2 und C – und natürlich schmeckt er einfach köstlich!

Risi e bisi ~ Risotto mit Erbsen

Dieses Gericht wurde am Markustag, dem Fest des Dogen, feilgeboten und das Rezept entwickelte sich zu einer Spezialität Venedigs. Im Veneto gedeihen Erbsen im Überfluss, und in der Erntezeit ist das Angebot oft so groß, dass sich die Verkäufer nicht die Mühe machen, die Erbsen abzuwiegen, sondern sie Ihnen einfach in den Einkaufskorb schütten – als wollten sie sicher gehen, dass Sie die Erbsen auch genießen, wenn sie am besten und süßesten sind.

4 Portionen

1 kg frische, zarte, junge Erbsen in der Schote
6 geschälte, in dünne Ringe geschnittene Schalotten
2 geschälte, fein gehackte Knoblauchzehen
55 g ungesalzene Butter
2 EL Olivenöl
1 Bund glatte gehackte Petersilie
1 l heiße, selbst gemachte Gemüsebrühe (siehe Seite 61)
oder aus den Schoten hergestellte Gemüsebrühe
350 g Vialone nano-Reis
125 ml trockener Weißwein
Meersalz und frisch gemahlener schwarzer Pfeffer
1 Bund frische, gehackte Minze
55 g frisch geriebener Parmesan

1 Erbsen auspalen und abspülen. Die Schalotten und den Knoblauch in Butter und Öl glasig dünsten, die Petersilie und die Erbsen einrühren und heiße Gemüsebrühe zugeben, so dass die Zutaten gerade bedeckt sind. Auf niedriger Hitze 2 Minuten köcheln lassen.

2 Reis, Wein und etwas Pfeffer zugeben und mit einem Holzlöffel unterrühren. Anschließend schöpflöffelweise und unter ständigem Rühren die Brühe zugeben, bis der Reis nach etwa 18 bis 20 Minuten gar und sämig ist.

3 Vorsichtig salzen, und die gehackte Minze unterrühren.

4 Den Reis 1 Minute ruhen lassen, auf vorgewärmten Tellern servieren. Dazu geriebenen Parmesan reichen.

Wie jedes grüne Gemüse enthalten Erbsen viel Provitamin A und Vitamin C. Erbsen sollten so frisch wie möglich verzehrt werden, da sich ihr Zucker nach dem Ernten schnell in Stärke umwandelt.

Risotto di finocchio ~ Fenchelrisotto

Italiener lieben Fenchel und verzehren ihn sowohl roh als auch gekocht. Die bis zu 2 Meter hohe Pflanze bildet in der Form unterschiedliche Sprossknollen. Die Form der Knolle ist abhängig von der Sorte, der Pflanztiefe und von Witterungseinflüssen. Fenchel wird in Italien oft roh zum Abschluss eines Essens gereicht und als Digestif verzehrt.

4–6 Portionen

500 g Fenchelknollen
6 geschälte, fein gehackte Schalotten
85 g ungesalzene Butter
350 g Arborio-Reis
Meersalz und frisch gemahlener schwarzer Pfeffer
1 l heiße, selbst gemachte Gemüsebrühe (siehe Seite 61)
fein abgeriebene Schale von 2 unbehandelten Zitronen
1 Bund glatte gehackte Petersilie
85 g frischer geriebener Parmesan

1 Fenchel waschen und säubern, alle harten äußeren Teile entfernen und die Knolle in gleichmäßig dünne Scheiben schneiden.

2 Fenchel und Schalotten in der Hälfte der Butter etwa 5 Minuten andünsten, bis sie weich sind. Anschließend den Reis einrühren.

3 Mit Pfeffer würzen und schöpflöffelweise die heiße Gemüsebrühe zugeben, dabei ständig umrühren. Erst dann wieder nachgießen, wenn der Reis die Brühe vollständig aufgesogen hat. Nach etwa 18 bis 20 Minuten ist der Reis gar und sämig.

4 Salz, Zitronenschale, Petersilie, restliche Butter und Parmesan einrühren.

5 Bei geschlossenem Deckel den Reis 1 Minute ruhen lassen, kurz umrühren, bevor Sie ihn auf vorgewärmten Tellern servieren.

~ In der Küche werden die Sorten: *Finocchio grosso* (Bologneser oder Großer süßer Fenchel) und *Finocchio nostrale* (Florentiner Fenchel, kleiner und süßer im Geschmack) verwendet. Fenchel ist reich an Faser-/Ballaststoffen, wichtigen Mineralstoffen und er enthält viele Vitamine, u. a. auch Vitamin E. Seine ätherischen Öle machen ihn auch zu einer traditionsreichen Heilpflanze. Er wirkt verdauungsfördernd und regt den Fettabbau an.

FAGIOLI

ZUR FAMILIE DER HÜLSENFRÜCHTE GEHÖREN GETROCKNETE ERBSEN, BOHNEN UND LINSEN. ES HANDELT SICH UM DIE SAMEN DER PFLANZEN UND DAHER SIND SIE ÄUSSERST NÄHRSTOFFREICH. Wie bei den Getreidekörnern ist in ihnen alles enthalten, was die nächste Pflanzengeneration zum Wachstum benötigt. Alle Hülsenfrüchte sind reich an Eiweiß und Kohlenhydraten. In Verbindung mit Getreide liefern sie fast alle essenziellen Aminosäuren, die der Mensch braucht. Hülsenfrüchte enthalten kein Cholesterin und sehr wenig Fett, hingegen Provitamin A, Vitamine der B-Gruppe, Calcium, Kalium, Magnesium, Phosphor und Spurenelemente.

Die reifen Erbsen, Bohnen und Linsen werden gegen Ende des Sommers geerntet. Ich liebe den Anblick frischer Bohnen auf den italienischen Märkten, wenn ihre glänzenden, gesprenkelten Hülsen vor reifen Samen nur so bersten. Aber auch in Italien werden sie mehr in getrockneter Form angeboten und werden in den Wintermonaten, wenn es an frischem Gemüse mangelt, als Nährstoffquelle hoch geschätzt.

In gut sortierten Geschäften findet sich ein breites Spektrum an Hülsenfrüchten: Borlotti- und Cannellini-Bohnen, *lenticchie* (Linsen), *fave* (dicke Bohnen, auch Puff- oder Saubohnen genannt), *ceci* (Kichererbsen) und *piselli* (Erbsen), um nur einige wenige zu nennen. Sie werden vor allem im Süden des Landes zubereitet, wo der Anbau von Gemüse und Getreide traditionsreicher ist als die Tierhaltung. Allerdings gibt es auch einige sehr berühmte Bohnen-Rezepte aus dem Norden: Im Piemont kocht man *Cisrà*, eine herzhafte Kichererbsensuppe, gewürzt mit Rosmarin und Salbei, serviert mit gerösteten Brotscheiben. Die Toskana bietet Spezialitäten wie *Fagioli nel fiasco*, ein uraltes Rezept, das weiße Bohnenkerne mit köstlichem Olivenöl, Knoblauch und Salbeiblättern vereint oder *Fagioli con le cotenne* (Bohnen mit Speck). In Venetien wird *Pasta e fagioli* serviert: Borlotti-Bohnen werden zusammen mit einem *battuto* – klein gehackter Speck, Zwiebeln, Knoblauch, Sellerie- und Kartoffelwürfel – angeschwitzt, mit Lorbeer und Salbei in guter Fleischbrühe gegart; dann wird die Hälfte der Bohnen passiert, zurück in die Suppe gegeben; anschließend werden die Tagliatelle in der dicken Suppe mitgegart. Abgeschmeckt wird mit einem Schuss Olivenöl und manchmal noch mit gutem Weinessig. Und im Friaul gibt es die berühmte *Jota* (siehe Seite 84). Vorsicht ist allerdings geboten, werden Ihnen *Fave dei morti* angeboten. Denn hier handelt es sich nicht wie anzunehmen um Dicke Bohnen, die zum Allerseelentag serviert werden, sondern diese »Bohnen der Toten« sind ein Mandelgebäck, das zu dieser Zeit gebacken wird. Fave waren in der Antike eine Grabbeigabe – die Fave stammen als einzige Bohnensorte aus dem asiatischen und orientalischen Raum; die Heimat der großsamigen Sorten wird in Nordafrika vermutet.

Meine Großmutter besaß eine riesige Rezeptauswahl für Hülsenfrüchte, die sie an mich weitergegeben hat.

Bei der Verarbeitung von Hülsenfrüchten sind einige Grundregeln zu beachten, ansonsten aber lassen sie sich schnell und einfach zubereiten. Zunächst gilt: Kaufen Sie Ihre Vorräte in gut besuchten Geschäften, damit Sie sicher sind, keine allzu alte Ware zu bekommen. Alle Hülsenfrüchte – mit Ausnahme der Linsen – müssen möglichst über Nacht (mindestens jedoch 6 Stunden) in reichlich kaltem Wasser eingeweicht werden, damit sie Feuchtigkeit ziehen. Sie sollten dann in frischem Wasser 10 Minuten lang gekocht werden, um mögliche toxische Substanzen abzutöten, die manchmal in ihnen enthalten sind. Anschließend eventuell Gewürze wie Lorbeerblätter oder einen Thymianzweig zugeben und weitere 40 Minuten lang köcheln lassen, bis sie weich und zart sind. Bei Linsen kann auf das Einweichen verzichtet werden, ihre Garzeit liegt bei etwa 30 Minuten. Es gibt jedoch auch Sorten, die schon nach 10 Minuten gar sind. Hülsenfrüchte erst nach dem Kochen salzen, da sich sonst ihre Schale verhärtet.

Nach einer einfachen Faustregel schwellen Gewicht und Volumen von Hülsenfrüchten durch das Kochen auf das Doppelte an: aus 250 g getrockneten Bohnen werden also etwas mehr als 500 g gekochte Bohnen. Scheuen Sie sich nicht, auf Hülsenfrüchte in Dosen zurückzugreifen, wenn Ihnen die Zeit fehlt oder Sie schlichtweg vergessen haben, sie einzuweichen; die Dosengemüse einfach abgießen, unter klarem Wasser spülen und einige Minuten lang erhitzen, bevor Sie sie wie im Rezept beschrieben weiter verarbeiten.

STRIANESE
1 LATTINA GRATIS
SANTA ROSA
FAGIOLI CANNELLINI
FAGIOLI BORLOTTI
DERBY

Zuppa della nonna con lenticchie e patate ~

Grossmutters Linsen- und Kartoffelsuppe

Dieses Rezept weckt in mir Kindheitserinnerungen. Die Suppe riecht verführerisch und ist von wunderbarer Konsistenz. Linsen werden in Italien traditionell zu Neujahr gegessen. Die kleinen runden Hülsenfrüchte symbolisieren Geldmünzen und stehen somit für ein erfolgreiches neues Jahr. Als die besten Linsen gelten die *lenticchie de Norcia*, kleine grüne Linsen, die Hülsen werden handgepflückt und deshalb sind sie sehr teuer. Und da sie in der Nähe von Assisi wachsen, haben sie einen »heiligen« Nimbus.

4 Portionen

10 Speisefrühkartoffeln, gut gesäubert
Meersalz und frisch gemahlener schwarzer Pfeffer
225 g kleine grüne Linsen
3 EL Olivenöl
700 g Tomatenpassata aus der Flasche oder 800 g gehackte Tomaten aus der Dose
2 geschälte, gepresste Knoblauchzehen
55 g frisch geriebener Parmesan
1 Bund frische, gehackte glatte Petersilie

1 Die Kartoffeln ungeschält in gleichmäßige Würfel schneiden, in einen Kochtopf geben, 900 ml kochendes Wasser dazugießen, salzen und 10 Minuten lang kochen.

2 Linsen, Olivenöl, Passata, Pfeffer und Knoblauch hinzufügen. Aufkochen und anschließend 40 Minuten vor sich hin köcheln lassen. Mit Gewürzen abschmecken.

3 Vor dem Servieren die Suppe mit Parmesan und Petersilie bestreuen.

~ Linsen bestehen zu 50 Prozent aus Kohlenhydraten und zu 25 Prozent aus Proteinen, sie enthalten einen hohen Anteil an Faser-/Ballaststoffen; beachtlich sind die Gehalte an Calcium, Phosphor und Eisen sowie Niacin. Das Aroma dieser (oder jeder anderen) Suppe können Sie durch das Mitkochen einer Parmesanrinde anreichern, die Sie vielleicht noch in Ihrem Kühlschrank haben. Und wer dann die Rinde in seinem Teller findet, hat einen Wunsch frei! Übrigens: Ausgetrocknete Parmesankanten gewinnen wieder an Frische, wenn man sie über Nacht in ein feuchtes Geschirrtuch einschlägt.

Minestra di ceci e peperoni ~ Kichererbsen-Paprika-Suppe

Ein Familienrezept, das in ähnlicher Form in unserem Dorf – in dem viele Paprikaschoten und Kichererbsen angebaut werden – häufig zubereitet wird. Die Suppe ist nahrhaft, würzig und zudem ein Genuss für das Auge.

4 Portionen

250 g Kichererbsen (siehe Seite 78)
2 geschälte, gehackte rote Zwiebeln
2 EL fruchtiges Olivenöl
2 geschälte und gewürfelte Kartoffeln mittlerer Größe
3 rote Paprikaschoten, entkernt, in Streifen geschitten
1 geschrappte und fein gehackte Karotte
3 reife zerkleinerte Tomaten
2 geschälte Knoblauchzehen
Meersalz und frisch gemahlener schwarzer Pfeffer
1 Bund glatte fein gehackte Petersilie
natives Olivenöl extra

1 Während die Kichererbsen kochen, die Zwiebeln im Olivenöl glasig andünsten, anschließend die Kartoffel-, Paprika-, Karotten- und Tomatenstücke zusammen mit dem Knoblauch und 4 Esslöffel Wasser zugeben.

2 Aufkochen und bei mittlerer Hitze 15 Minuten lang köcheln lassen. Dabei ständig umrühren, damit das Gemüse nicht anbrennt (wenn nötig, Wasser zugeben). Gut würzen.

3 Wenn die Kichererbsen gar sind, die vorbereitete Sauce einrühren.

4 Die Suppe in Schalen servieren, mit Petersilie bestreuen und Olivenöl darüber träufeln. Dazu geriebenen Parmesan reichen.

~ Paprikaschoten enthalten Provitamin A sowie Vitamine der B-Gruppe, C, P und Capsaicin. Rote Paprikaschoten sind an der Pflanze ausgereifte Gemüsefrüchte, grüne Schoten werden unreif geerntet. Kichererbsen wird harntreibende Wirkung nachgesagt, und sie sollen die Müdigkeit vertreiben.

Minestra di ceci e castagne ~ Maronisuppe mit Kichererbsen

Mein Vater, der in Avellino in Kampanien Edelkastanien anpflanzt, liebt dieses Rezept. In Minori, meinem Dorf, findet jedes Jahr gegen Ende Oktober zur Feier der Maroniernte ein Fest statt. Diese Suppe ist eine der vielen Möglichkeiten, wie Maroni bei uns zu Hause verwendet werden.

4 Portionen

200 g getrocknete Kichererbsen
450 g frische Maroni(Esskastanien)
3 Selleriestangen
4 Lorbeerblätter
7 EL Olivenöl
4 geschälte Knoblauchzehen
Meersalz und frisch gemahlener schwarzer Pfeffer
4 Scheiben Weißbrot

1 Die Kichererbsen über Nacht in Wasser einweichen.

2 Den Backofen auf 200 °C vorheizen. Gasherd Stufe 2–3.

3 Die Schale der Maroni leicht anritzen und auf ein Backblech legen. 40 Minuten lang im Ofen backen, etwas abkühlen lassen und dann die dicke äußere Schale und anschließend die dünne innere Haut abziehen.

4 In der Zwischenzeit die eingeweichten Erbsen abgießen und mit 2,5 Liter frischem Wasser in einen großen Topf geben. Sellerie, Lorbeerblätter und 2 EL Olivenöl hinzufügen. Aufkochen und 10 Minuten lang kochen lassen. Die Hitzezufuhr verringern und weitere 40 Minuten köcheln lassen, bis die Kichererbsen zart sind und die Flüssigkeit eingekocht ist.

5 Das restliche Olivenöl in einer Bratpfanne erhitzen und die geschälten Maroni zusammen mit dem Koblauch goldbraun braten.

6 Lorbeerblätter und Selleriestangen aus der Suppe nehmen und die Maroni, den Knoblauch und das Olivenöl einrühren. Mit Salz und Pfeffer würzen.

7 Die Brotscheiben toasten, damit den Boden einer Suppenterrine bedecken und die Suppe darüber gießen. 2 bis 3 Minuten stehen lassen, bevor Sie die Suppe servieren.

~ Maroni enthalten reichlich Mineralstoffe, Vitamine der B-Gruppe, viel Vitamin C und Kalium. Sie besitzen einen hohen Kohlenhydratanteil. Esskastanienbäume erfahren keine chemische Behandlung, die Früchte stammen daher immer aus ökologischem Anbau. Maroni werden als Gemüse, Fleischersatz, als Mehl für Pasta- und Kuchenteig und für Puddings verwendet.

Jota ~ Bohnen-Kohl-Suppe

Dieses aus Norditalien (Friaul) stammende Gericht wird in den Wintermonaten zum *pranzo*, zum Mittagessen, eingenommen. In Italien ist es nahezu ein Muss, im Winter viele Bohnen zu essen. Bereiten Sie diese Suppe einen Tag vorher zu, damit sich das Aroma richtig entfalten kann.
Das Original-Rezept sieht einen Soffrito mit Zwiebel und Knoblauch vor. Darin werden die kurz vorgegarten Kohlstreifen geschwenkt. Anstatt Fenchel werden Kartoffelwürfel verwendet und zum Schluss wird die Suppe mit etwas Maismehl leicht gebunden.

4 Portionen

350 g gekochte Cannellini-Bohnen (siehe Seite 79)
1 klein gehackte Fenchelknolle mittlerer Größe
1 geschälte, gehackte Zwiebel
2 geschälte, gepresste Knoblauchzehen
1 kleiner Weißkohl, in Streifen geschnitten
4 EL Tomatenpassata
Meersalz und frisch gemahlener schwarzer Pfeffer
2 EL Olivenöl
1 Bund glatte fein gehackte Petersilie

1 Fenchel, Zwiebel, Knoblauch, Weißkohl, Passata, Salz und Pfeffer in die fast fertig gekochten Bohnen rühren und weitere 30 Minuten lang köcheln lassen, bis die Bohnen weich und zart sind.

2 Olivenöl und Petersilie zugeben, würzen und servieren.

~ Unter den Inhaltsstoffen des Kohls ist besonders Eisen hervorzuheben; weitere Mineralstoffe sind Calcium, Kalium, Phosphor, Magnesium, Jod und Natrium. Erwähnenswert sind Provitamin A und Vitamine der B-Gruppe. Weißkohl hat den höchsten Vitamin-C-Gehalt aller Kohlarten.

Papazoi ~ Graupen-Bohnen-Suppe

Diese Suppe aus dem Friaul habe ich während eines entspannten sonntäglichen Mittagessens in einem Restaurant in Rom kennen gelernt. Sie war der absolute Höhepunkt des Menüs, und es erforderte einige Zeit und viel Zureden, bis der Koch sich bereit erklärte, mir das Rezept zu verraten.

6 Portionen

200 g getrocknete Borlotti-Bohnen
200 g ungeschälte Graupen, falls erhältlich Rollgerste
2 EL Olivenöl
2 geschälte, gepresste Knoblauchzehen
2 l Wasser oder selbst gemachte Gemüsebrühe (siehe Seite 61)
200 g geschälte und gewürfelte Kartoffeln
100 g Zuckermaiskörner, vom frischen Kolben abgestreift
1/2 Bund frischer, fein gehackter Salbei
1 Bund glatte fein gehackte Petersilie
Meersalz und frisch gemahlener schwarzer Pfeffer

1 Bohnen und Graupen über Nacht in getrennten Schalen einweichen.

2 Olivenöl in einem großen Topf erhitzen, Knoblauch und die gut abgetropften Bohnen und Graupen zufügen. Wasser oder Gemüsebrühe zugießen, zum Kochen bringen und weitere 10 Minuten lang kochen.

3 Temperatur verringern, Kartoffeln, Mais und Salbei zugeben und bei milder Hitze 40 Minuten vor sich hin köcheln lassen.

4 Petersilie einrühren und gut würzen. Sofort servieren.

Ungeschälte Graupen, die noch ihre Hülse besitzen, sind gesünder als Perlgraupen. Sie schmecken auch etwas nussiger und müssen in der Regel länger gekocht werden, bis sie weich sind und ihre Stärke freisetzen. Diese ist für die fast sämige Konsistenz der gekochten Graupen verantwortlich, die dem Risottoreis nicht unähnlich ist.

Cianfotta ~ Italienischer Bohneneintopf

Dieser wärmende und farbenprächtige Eintopf stammt aus Norditalien, wo man eine Vorliebe für eher schweres, nahrhaftes Essen hat. Verwenden Sie Ihre eigenen Gemüsekombinationen und kreieren Sie Ihren eigenen, ganz persönlichen Eintopf. Das folgende gehört zu meinen Lieblingsrezepten.

4 Portionen

250 g Cannellini-Bohnen (siehe Seite 79)
1 kleine gewürfelte Aubergine
Meersalz und frisch gemahlener schwarzer Pfeffer
4 EL Olivenöl
1 geschälte, fein gehackte Zwiebel
2 geschälte Knoblauchzehen
2 gehackte Selleriestangen
1 TL frische fein gehackte Rosmarinnadeln
2 gelbe Paprikaschoten, entkernt und in Würfel geschnitten
2 geschälte und gewürfelte Kartoffeln
450 g frische Tomaten, gehackt
1/2 TL getrocknete Peperoncinoflocken
1 Bund glatte fein gehackte Petersilie
1 Bund Basilikum, klein gezupft

1 Während die Bohnen kochen, die Auberginenwürfel in ein Sieb geben, mit Salz bestreuen und 15 bis 20 Minuten ziehen lassen. Das Salz abspülen und die Auberginenwürfel trocken tupfen.

2 Olivenöl in einem Kochtopf erhitzen, Zwiebeln zugeben und glasig andünsten. Anschließend Knoblauch, Sellerie und Rosmarin hinzufügen und ebenfalls einige Minuten lang andünsten. Zum Schluss das restliche Gemüse, Salz, Pfeffer und Peperoncino dazugeben.

3 Alles gut durchrühren und mit aufgelegtem, nicht geschlossenen Deckel bei milder Hitze etwa 30 Minuten lang köcheln lassen. Die gekochten Bohnen dazugeben und weitere 10 Minuten kochen lassen.

4 Gut umrühren. Von der Kochstelle nehmen, Petersilie und die klein gezupften Basilikumblätter zugeben und abschmecken. Warm servieren.

~ Das Gericht könnte man als die italienische Version der südfranzösischen Ratatouille bezeichnen. Da es Bohnen und Kartoffeln – eine doppelte Kohlenhydratportion – in sich vereint, ist es zweifellos ein Essen für kalte Winter.

Minestrone con riso e fagioli ~

Minestrone mit Reis und Bohnen

Es gibt unzählige Gemüsesuppen oder *minestrone* - angeblich von den Genuesern erfunden - in Italien. Das Wort steht sinngemäß für ein »kunterbuntes Allerlei«. Es dürfte nicht schwer fallen, für jeden Tag im Jahr eine eigene Zutatenmischung zu finden. Das hier vorgestellte Rezept gehört zu meinen Lieblingsvariationen.

4 Portionen

- 2 geschälte, fein gehackte Knoblauchzehen
- 1 fein gehackte Selleriestange
- 1 geschälte, in Ringe geschnittene rote Zwiebel
- 2 EL Olivenöl
- 8 frische, reife Tomaten, gehäutet
- 500 g gekochte Borlotti-Bohnen (siehe Seite 79)
- 200 g Arborio-Reis
- 1/2 TL getrocknete Peperoncinoflocken
- 1 Bund glatte fein gehackte Petersilie
- 1 Bund frische fein gehackte Minze
- Meersalz und frisch gemahlener schwarzer Pfeffer
- natives Olivenöl extra

1 Knoblauch, Sellerie und Zwiebel im Olivenöl glasig andünsten. Tomaten zugeben und 10 Minuten köcheln lassen.

2 Die Sellerie-Zwiebel-Tomatensauce über die gekochten Bohnen gießen, den Reis und 450 ml Wasser zugeben und gut umrühren.

3 Peperoncino einrühren und 20 Minuten kochen, bis der Reis zart ist. Sollte die Suppe zu dickflüssig geraten, mehr Wasser zugeben.

4 Gehackte Kräuter zugeben und mit Salz und Pfeffer würzen. Vor dem Servieren die Suppe im Teller mit einigen Spitzern Olivenöl beträufeln.

~ Das Rezept verdeutlicht auf wunderbare Weise, wie durch die Kombination von Hülsenfrüchten und Getreide - Bohnen und Reis — ein Gericht entsteht, das fast alle essenziellen Aminosäuren enthält. Es ist typisch für den Norden, wo die Bewohner wegen der Kälte einen zusätzlichen Energievorrat benötigen.

Millecosedde ~ Suppe aus Hülsenfrüchten

Diese Suppe ist dick und eher zähflüssig. Als Studentin verdrückte ich enorme Mengen von diesem herz- und nahrhaften und vor allem preiswerten Gericht (genau das Richtige, wenn man sparsam leben muss). Die italienische Küche ist regional so verschieden, dass man im ganzen Land Tausende unterschiedlicher Variationen dieser Suppe findet – was in etwa auch ihrem Namen entspricht.

6 Portionen

- 7 EL Olivenöl
- 1 geschälte und gehackte Karotte
- 1 geschälte, gehackte Zwiebel
- 1 geschälte, fein gehackte Knoblauchzehe
- 2 l selbst gemachte Gemüsebrühe (siehe Seite 61)
- 1/2 kleiner Kohlkopf, blanchiert und zerkleinert
- 200 g gekochte Borlotti-Bohnen (siehe Seite 79)
- 200 g gekochte Cannellini- oder grüne Bohnen
- 200 g gekochte Kichererbsen
- 100 g gekochte grüne Linsen
- 225 g fein geschnittene Pilze
- Meersalz und frisch gemahlener schwarzer Pfeffer
- 225 g Farfalle oder andere kleine Nudeln
- 100 g frisch geriebener Pecorino
- 1 Bund glatte fein gehackte Petersilie

1 Olivenöl in einem großen, schweren Kochtopf erhitzen. Karotte, Zwiebel und Knoblauch 5 Minuten lang darin andünsten.

2 Gemüsebrühe dazugießen, aufkochen, anschließend die Temperatur verringern, den Kohl zugeben und 5 Minuten köcheln lassen.

3 Die abgegossenen Hülsenfrüchte mit den Pilzen in den Topf geben. Mit Salz und Pfeffer würzen.

4 Alles gut durchrühren, die Pasta zugeben und weitere 10 Minuten kochen.

5 Vor dem Servieren die Suppe im Teller mit Pecorino und Petersilie bestreuen.

Insalata di fagioli della nonna ~ Grossmutters Bohnensalat

Da italienisches Weißbrot sehr schnell alt und trocken wird, gibt es unzählige Rezepte, in denen altbackenes Brot Verwendung findet. Nachfolgend ein typisch süditalienisches Rezept mit einem Hauch pikanter Schärfe.

4 Portionen

250 g gekochte Cannellini-Bohnen (siehe Seite 79)
abgeriebene Schale einer unbehandelten Zitrone
6 EL natives Olivenöl extra
2 EL Rotweinessig
1/2 TL getrocknete Peperoncinoflocken
eine Handvoll verschiedene frische Kräuter (Petersilie, Thymian, Oregano)
100 g gewürfeltes Weißbrot
Meersalz und frisch gemahlener schwarzer Pfeffer

1 Bohnen abtropfen und abkühlen lassen.

2 Alle Zutaten außer dem Brot und den Gewürzen unter die abgekühlten Bohnen rühren.

3 Brotstückchen dazugeben, vermischen und würzen. Sofort servieren.

Die Kombination aus Getreide (Brot) und Hülsenfrüchten in diesem Gericht liefert fast alle essenziellen Aminosäuren, die der menschliche Körper benötigt.

Pure di fave con cicoria ~ Zichorie mit Bohnenpüree

Zur großen Cichorium-Familie gehören: Eskariol, Frisée, Endivie, Zuckerhut, Radicchio und Blattzichorie. Sie sind bitter im Geschmack und passen gut zu den relativ süßen Bohnen. Sie können die Blattzichorie zuerst blanchieren, damit die Blätter al dente bleiben, oder wie einen Radicchio mit Öl einreiben und im Backofen grillen.

4 Portionen

200 g gekochte Cannellini-Bohnen (siehe Seite 79)
1 geschälte, gepresste Knoblauchzehe
2 EL natives Olivenöl extra
2 TL frischer gehackter Majoran
1 EL Zitronensaft
abgeriebene Schale einer unbehandelten Zitrone
Meersalz und frisch gemahlener schwarzer Pfeffer
1 Staude Blattzichorie
25 g entkernte schwarze Oliven
1 kleiner Bund glatte gehackte Petersilie

1 Die gekochten Cannellini-Bohnen in einem Topf schonend erhitzen.

2 Knoblauch einrühren und die Bohnen mit einem Kartoffelstampfer zerstampfen. Anschließend Olivenöl, Zitronensaft und Zitronenschale unterrühren. Nach Geschmack würzen.

3 Das Gemüse waschen, blanchieren und gut abtropfen lassen. Die Blätter auf vier Teller aufteilen und darauf das warme Püree anrichten. Mit den Oliven und der Petersilie garnieren. Oder mit gutem Olivenöl beträufeln.

~ Süße und bittere Geschmacksnoten sind in diesem Gericht harmonisch aufeinander abgestimmt, außerdem zeichnet es sich durch einen ausgewogenen Anteil an Nährstoffen aus. Ich habe als Zwischendurchsnack immer ein Schälchen Bohnenpüree im Kühlschrank stehen (je älter, desto besser im Geschmack, allerdings hält es sich nicht länger als zwei Tage).

Insalata di contadino ~ Bauernsalat

Bei einem Spaziergang über die Felder in der Umgebung unserer Schule traf ich auf einige Landarbeiter, deren Mittagessen aus eben diesem Salat bestand. Brokkoli gilt zwar als süditalienisches Gemüse, wird aber regional auch im übrigen Italien angebaut.

4 Portionen

250 g gekochte Borlotti-Bohnen (siehe Seite 79)
4 EL natives Olivenöl extra
3 EL Zitronensaft
1/2 TL getrocknete Peperoncinoflocken
Meersalz und frisch gemahlener schwarzer Pfeffer
500 g Brokkoliröschen
1 Bund glatte fein gehackte Petersilie

1 Bereiten Sie zuerst das Dressing zu. Verrühren Sie in einer großen Servierschale, die noch Platz lässt für die Bohnen und den Brokkoli, das Olivenöl, den Zitronensaft und die Peperoncinoflocken. Mit Salz und Pfeffer würzen.

2 Brokkoli in einen großen Topf mit kochendem Salzwasser al dente kochen. Abgießen und zum Dressing geben.

3 Gekochte Bohnen und Petersilie einrühren. Bei Zimmertemperatur servieren.

~ Ein Salat mit hohem Vitamin-C-Gehalt. Grünes Gemüse behält beim Kochen seine Farbe, wenn man zur Kochflüssigkeit ein wenig Olivenöl gibt.

Tortino ~ Zucchini-Graupen-Auflauf

Graupen, in Italien unter dem Namen *orzo mondato* bekannt, ergeben mit knusprigem Brot und begleitet von einem frischen grünen Salat ein nahrhaftes Essen. Ich hoffe, Sie nehmen dieses sehr bekömmliche, risottoähnliche Gericht in Ihren wöchentlichen Speiseplan auf. Statt der Perlgraupen (geschälte, geschliffene Gerstenkörner) können Sie auch Dinkel verwenden, eine sehr alte Getreidesorte, die in Italien *farro* genannt wird.

4 Portionen

225 g Perlgraupen
1 l Gemüsebrühe (siehe Seite 61)
3 EL Olivenöl
55 g Butter
450 g in Scheiben geschnittene Zucchini
2 geschälte, gepresste Knoblauchzehen
6 zerkleinerte reife Tomaten
150 g in Scheiben geschnittener Mozzarella
Meersalz und frisch gemahlener schwarzer Pfeffer
1 Bund frisches Basilikum
1 Bund frische fein gehackte Minze
1 Bund glatte fein gehackte Petersilie
100 g frisch geriebener Parmesan
55 g Semmelbrösel

1 Die Graupen in einem großen Topf in der Gemüsebrühe 25 Minuten lang kochen, bis die Brühe fast vollständig eingezogen ist.

2 Backofen auf 200 °C vorheizen. Gasherd Stufe 2–3.

3 Olivenöl und Butter in einer Pfanne erhitzen, Zucchini und Knoblauch zugeben und goldbraun anbraten. Überschüssiges Fett abtropfen lassen.

4 Tomaten und Mozzarella zusammen mit dem Salz, dem Pfeffer, den zerkleinerten Basilikum-, Minze- und Petersilienblättern und dem geriebenen Parmesan zu den Graupen geben.

5 Mit der Hälfte der Zucchinischeiben den Boden einer ofenfesten Auflaufform bedecken, darüber die Graupen geben und mit den restlichen Zucchinischeiben abdecken.

6 Semmelbrösel darüber streuen und in 20 Minuten goldbraun backen.

Fagiolini e patate con pesto ~

Bohnen mit Kartoffeln und Pesto

Pesto muss nicht immer nur zu Nudeln gereicht werden. Die drei Hauptzutaten in diesem Gericht vereinen sich zu einer ganz wundervollen Speise.

4 Portionen

Pesto

- 3 geschälte Knoblauchzehen
- 2 EL Pinienkerne
- 85 g frische Basilikumblätter
- 4 EL natives Olivenöl extra
- 3 EL frisch geriebener Parmesan
- 1 EL frisch geriebener Pecorino romano

- 250 g gekochte Cannellini-Bohnen (siehe Seite 79)
- 250 g Speisefrühkartoffeln, gewaschen und geviertelt (die Sorte Spunto eignet sich besonders gut dazu)
- Meersalz und frisch gemahlener schwarzer Pfeffer

1 Beginnen Sie mit der Zubereitung des Pesto. Am besten gelingt er Ihnen, wenn Sie die Zutaten in einem großen Mörser zerkleinern. Zerstampfen Sie zuerst den Knoblauch, geben Sie dann die Pinienkerne und die Basilikumblätter sowie das Olivenöl dazu und zerreiben Sie alles zu einer Paste. Dann die beiden Käsesorten zugeben und alle Zutaten fein zerstoßen.

2 Bohnen abgießen. Die Kartoffeln kochen, bis sie weich sind, und gut abgießen.

3 Kartoffeln zu den Bohnen geben. Den Pesto darüber gießen und gut vermischen. Nach Geschmack würzen.

~ Gemörserter Pesto ist dem mit einem Pürierstab hergestellten auf jeden Fall vorzuziehen. Die ätherischen Öle der Basilikumblätter werden sehr viel langsamer freigesetzt, wenn sie per Hand zerrieben werden; entsprechend besser ist ihr Aroma. Bei der Zubereitung mit einem Pürierstab nimmt der Pesto einen leicht metallischen Geschmack an. In unserer Kochschule führen wir regelmäßig vergleichende Geschmackstests durch, die der handgemachte Pesto bislang immer für sich entschied.

Crostini di lenticchie ~ Linsen-Crostini

Dieses Gericht findet sich auf jeder Speisekarte in Umbrien und wird oft als Teil einer gemischten, mit Gemüse und Fleisch belegten Crostini-Platte serviert. Obwohl die Zutaten eher einfach sind, können diese Crostini als elegantes amuse gueule gereicht werden. Die besten Linsen dafür sind die *lenticchie di Norcia* (siehe Seite 81).

4 Portionen

Linsenpüree

1 EL Olivenöl
1 kleine geschälte, sehr fein gehackte Zwiebel
4–5 frische, fein gehackte Salbeiblätter
225 g kleine grüne Linsen
500 ml kochendes Wasser
Meersalz und frisch gemahlener schwarzer Pfeffer

zum Anrichten

8 leicht altbackene, getoastete Weißbrotscheiben
einige frische, fein gehackte Salbeiblätter

1 Olivenöl in einen Topf geben und 2 Minuten lang erhitzen. Zwiebeln und Salbei zugeben und 5 Minuten darin andünsten.

2 Linsen hinzufügen, im Öl schwenken und anschließend das kochende Wasser darüber gießen.

3 Den Topf abdecken und die Linsen dann etwa 1 Stunde köcheln lassen, bis sie weich sind, aber noch nicht zerfallen. Mit Salz und Pfeffer würzen.

4 Noch warm auf die getoasteten Brotscheiben streichen und mit gehackten Salbeiblättern garnieren.

Crostini sind in Italien sehr beliebt und dienen der Verwertung des altbackenen Weißbrots. Als im zwölften Jahrhundert eine Steuer auf Salz erhoben wurde, beschlossen die Bäcker, auf das Gewürz zu verzichten – und salzloses Brot wird eben sehr schnell altbacken. In meinem Heimatdorf wird daher zweimal am Tag Brot gebacken.

Fagioli all'uccelletto ~ Bohnen mit Tomatensauce und Salbei

Ein Gericht, wie es typisch ist für die Toskana. Sein Name leitet sich von den *uccelletti* ab, den »Vögelchen«, da die Salbeiblätter den Schnäbeln kleiner Vögel ähneln. Salbei lässt sich auch folgendermaßen zubereiten: die Blätter mit Mehl bestäuben, dann in mit geriebenem Parmesan verquirlte Eier eintauchen und in Öl goldbraun herausbacken. Als Appetizer zu Drinks servieren.

4 Portionen

- 50 ml Olivenöl
- 25 g ungesalzene Butter
- 3 geschälte, gepresste Knoblauchzehen
- 12 frische, gehackte Salbeiblätter
- 200 g gehackte Dosentomaten oder 6 gehackte reife Tomaten
- 250 g gekochte Cannellini-Bohnen (siehe Seite 79)
- Meersalz und frisch gemahlener schwarzer Pfeffer
- natives Olivenöl extra

1 Olivenöl und Butter in einem Topf erhitzen. Knoblauch und Salbei zugeben und 1 Minuten lang andünsten.

2 Tomaten und gekochte Bohnen hinzufügen, mit Salz und Pfeffer würzen und 15 Minuten vor sich hin köcheln lassen.

3 Heiß servieren, zuvor über die gefüllten Teller Olivenöl träufeln.

~ Salbeiblätter können Sie auch als eine Art Räucherstäbchen in Ihrer Wohnung verwenden; Salbei besitzt reinigende Wirkung und fördert die geistige Klarheit.

Farinata ~ Kichererbsenauflauf

Sollte sich in Ihrem Vorratsschrank Kichererbsenmehl befinden, lässt sich das folgende Rezept schnell und einfach zubereiten. Es eignet sich als interessante Beilage zu Fleisch oder Gemüse und kann durch Kräuter, mehr Knoblauch und vielleicht auch einige Peperoncini noch pikanter gestaltet werden. Unter der Bezeichnung »Farinata« finden sich in Italien auch Teigfladen.

4 Portionen

1 1/2 l selbst gemachte Gemüsebrühe (siehe Seite 61) oder Wasser
450 g Kichererbsenmehl
Meersalz und frisch gemahlener schwarzer Pfeffer
2 geschälte, gepresste Knoblauchzehen
6–8 EL Olivenöl

1 Brühe oder Wasser in einen großen Topf gießen und langsam das Erbsenmehl einrühren. Etwas Salz und Knoblauch zugeben und etwa 1 Stunde lang köcheln lassen. Dabei häufig umrühren und darauf achten, dass das Mehl am Boden nicht verklumpt. Die Masse sollte glatt und sehr dickflüssig sein (ähnlich wie Polenta).

2 In der Zwischenzeit den Backofen auf 200 °C vorheizen. Gasherd Stufe 2–3.

3 Die Masse in eine eingefettete ofenfeste Form geben, glatt streichen und das Olivenöl darüber gießen. Im vorgeheizten Ofen 30 Minuten goldbraun backen. Nach Geschmack mit Pfeffer bestreuen und sofort servieren.

~ In Frankreich gibt es unter dem Namen »Brigadéou« ein ähnliches, ebenfalls aus Kichererbsenmehl hergestelltes Gericht, das gelegentlich mit Käse überstreut gratiniert wird. Das Mehl findet sich auch in Indien; es heißt dort *gram* oder *besan* und wird für viele Teigmassen und Nudeln verwendet.

VERDURA

Viele meiner Reisen durch Italien lege ich mit dem Zug zurück. Dabei freut es mich immer wieder, wenn ich in Vorgärten, in den Gemüsebeeten an Bahnhöfen, in Blumenkästen an Fenstern oder Terrakotta-Kübeln auf sonnigen Balkonen buschige Tomatenstauden oder Basilikum- und Oreganosträucher sehe. Und wenn man Glück hat, kann man um die Mittagszeit den Koch oder die Köchin erblicken, die zur Verfeinerung der Spaghetti einen frischen Basilikumzweig pflücken.

Ich fühle mich dann jedes Mal daran erinnert, dass Italiener seit alters her Gemüsegärtner waren. Viele der kultivierten Gemüsesorten, die uns heutzutage vertraut sind, haben ihren Ursprung in Italien. Dazu gehören u.a. Fenchel, Staudensellerie und Artischocken. Die landwirtschaftlichen Nutzflächen werden noch immer vorwiegend für den Gemüseanbau und nicht für die Viehzucht genutzt. Die Vorliebe der Italiener für Gemüse ließ eine Vielfalt von Rezepten entstehen. Fleisch gilt als teurer Luxus, von dem sehr viel weniger verzehrt wird als in anderen west- und südeuropäischen Staaten. Die wichtige Rolle, die Gemüse in Italien spielt, zeigt sich schon daran, dass es dafür einen eigenen Gang gibt: den *contorno.*

Gemüse sollte sehr schonend behandelt werden. Frisch und knackig muss es nur wenig geputzt und oft muss es nicht geschält werden. Gut gebürstete Speisefrühkartoffeln verstecken ihre Inhaltsstoffe direkt unter der Schale deshalb unbedingt mitessen! Gemüse sollte nur kurz gewaschen werden und beim Garen nicht im Wasser ertränkt oder zu lange gekocht werden, da sonst die Vitamine verloren gehen. Statt dessen empfiehlt es sich, Gemüse kurz in wenig Flüssigkeit zu dämpfen oder im wundervollen Olivenöl mit passenden Aromen – Knoblauch, Schalotten, Peperoncini – kurz anzudünsten oder zu sautieren. Geschmacklich abgerundet werden die Gerichte mit frischen gehackten Kräutern. Gemüse lässt sich wunderbar mit Käse kombinieren, entweder verwendet man ihn als Füllung (zum Beispiel für Auberginenröllchen) oder zum Gratinieren. Geeignet sind Ricotta, Mozzarella, Parmesan, Pecorina, Grana Padano

oder auch Dolcelatte – ein besonders milder Blauschimmelkäse des Gorgonzola-Typs.
Grünem Gemüse fügt man während des Kochens einen Teelöffel Olivenöl zu, damit seine frische, leuchtende Farbe erhalten bleibt. Und die Garflüssigkeit immer aufbewahren und am nächsten Tag für eine Suppe verwenden – das ist sehr gesund, da das Wasser die dem Gemüse entzogenen Nährstoffe enthält.
Zum Gemüse werden auch die Speisepilze gezählt. Sie unterscheiden sich von allen anderen Gemüsearten und Küchenkräutern dadurch, dass sie kein Chlorophyll enthalten. Sie können also nicht mit Hilfe der Sonnenenergie, des Kohlendioxids der Luft und Wasser eigene Stoffe aufbauen (Fotosynthese). Pilze brauchen zu ihrer Ernährung fertige organische Substanzen ihrer Umwelt. Aus der mannigfaltigen Pilzwelt sind in diesem Buch der *porcini* – Steinpilz und der *tartufo* – Trüffel besonders erwähnt. Sie sind der Italiener liebste Speisepilze.
Auf ländlichen Märkten wie zum Beispiel in Bassano del Grappa findet man auch Maronen, Hallimasch, Pfifferlinge, Täublinge u. a.
Die Rezepte in diesem Kapitel sind vom Norden wie vom Süden des Landes beeinflusst. Im wärmeren Süden gedeihen Gemüsearten wie Tomaten, Paprika, Zucchini und Auberginen, das spiegelt sich auch in den Rezepten wider. Im kälteren Norden hingegen wird Gemüse wie Blumenkohl oder Weißkohl, Mangold und Kürbis angebaut – um nur einige zu nennen – wie im übrigen Mittel- und Nordeuropa.

Zucchine a scapece ~

Sonnengetrocknete Zucchini mit Minze und Knoblauch

Dieses Gericht kann als eigenständiger Gemüsegang oder als Vorspeise gegessen werden; gutes Brot passt perfekt dazu. Der Geschmack gewinnt noch an Intensität, wenn die Marinade einziehen kann – je länger, desto besser; allerdings schmeckt es so köstlich, dass sich kaum ein Genießer lange zurückhalten kann. Am besten, Sie bereiten gleich die doppelte Portion zu.

6 Portionen

- 9 große Zucchini
- 175 ml Olivenöl
- 1 großer Bund frische, grob gehackte Minzeblätter
- 3 geschälte und fein gehackte Knoblauchzehen
- 6 EL Weißweinessig guter Qualität
- 4 EL natives Olivenöl extra
- Meersalz

1 Die Zucchini der Länge nach mit dem Sparschäler in dünne Scheiben schneiden, auf ein Holzbrett legen, mit einem Tuch abdecken und 3 Stunden an der Sonne trocknen lassen. Oder auf ein Backblech geben und im Backofen bei 140 °C etwa 1 Stunde vollständig austrocknen lassen, ohne sie zu bräunen. Gasherd Stufe 1.

2 Olivenöl in einer großen Pfanne erhitzen und die Zucchinischeiben von einer Seite goldbraun anbraten. Auf Küchenkrepp das Öl abtropfen lassen.

3 Zucchinischeiben in eine Schale geben; Essig, Olivenöl und Salz mit dem Schneebesen vermischen, Minzeblätter unterrühren. Abdecken und etwa 4 Stunden an einem kühlen Ort oder, noch besser, über Nacht einziehen lassen.

~ Diese »Garmethode«, im Italienischen *in marinata* genannt, heißt in Neapel *a scapece*. Sie wird auf Gemüse und Fische, vor allem Sardinen, gleichermaßen angewandt. Auch Auberginen und Paprikastreifen können auf diese Art zubereitet werden.

Fave con cipolla rossa e formaggio ~

Sauté von dicken Bohnen mit roten Zwiebeln und Ziegenkäse

In einem Hotelrestaurant außerhalb von Rom fragte ich einmal, ob dicke Bohnen auf der Speisekarte stünden. Kurz darauf wurde eine Platte mit frischen dicken Bohnen, noch in der Hülse, auf Eis gebettet aufgetragen. Bei uns bekommt man die Bohnen nicht so knackfrisch und zart. Deshalb empfehlen wir die Bohnenkerne unbedingt zu garen, um unliebsamen Magen- und Darmbeschwerden vorzubeugen.

4 Portionen

1 kg dicke Bohnen, ausgepalt, verlesen und die Haut entfernt
1 mittelgroße, geschälte und fein gehackte rote Zwiebel
2 EL Olivenöl
200 g Ziegenkäse
Meersalz und frisch gemahlener schwarzer Pfeffer
Paprikapulver

1 Die ausgepalten und verlesenen dicken Bohnen etwa 10–15 Minuten garen oder dämpfen, bis sie weich sind. Gründlich abgießen.

2 Die Zwiebel im Olivenöl etwa 5 Minuten andünsten, dann die Bohnen zugeben und nach Geschmack würzen. Gut umrühren.

3 Auf einem Teller anrichten, den in dünne Streifen geschnittenen Ziegenkäse über die Bohnen legen. Mit Paprikapulver bestäuben.

~ Das Häuten der hellgrünen dicken Bohnen (Saubohnen, Puffbohnen, Pferdebohnen) ist äußerst zeitaufwendig, lohnt sich aber, da die Haut zäh sein kann. Außerdem schmecken die Bohnenkerne gehäutet süßlicher.

Fave al vino ~ Dicke Bohnen in Weinsauce

Im Frühling sieht man in Italien oft ältere Männer, die in den Parkanlagen auf Bänken sitzend junge dicke Bohnen direkt aus der Hülse verspeisen. Dieses Rezept verwendet dicke Bohnen, die nicht mehr gar so jung und zart sind und roh nicht mehr verzehrt werden können.

4 Portionen

1 kg dicke Bohnen in der Hülse
25 g Butter
1/2 geschälte und fein gehackte Zwiebel
25 g Weizenmehl
1 frischer gehackter Majoranzweig
Meersalz und frisch gemahlener schwarzer Pfeffer
1 TL Kristallzucker
300 ml Weißwein
150 ml selbst gemachte Gemüsebrühe (siehe Seite 61)

1 Dicke Bohnen aus den Schalen lösen (auspalen).

2 Butter in einen Topf geben und die fein gehackte Zwiebel 4 Minuten glasig andünsten. Das Mehl einrühren und so lange kochen, bis eine dicke Schwitze entsteht.

3 Bohnen, Majoran, Salz, Pfeffer, Zucker und Weißwein zugeben und gut verrühren.

4 Gemüsebrühe dazugießen und bei milder Hitze 20 bis 25 Minuten köcheln lassen, bis die Bohnen zart sind.

~ Frische dicke Bohnen besitzen einen hohen Vitamin-C-Anteil; hochwertiges Eiweiß und Mineralstoffe wie Calcium, Kalium, Phosphor und Eisen. Sie sind echtes »Kraftfutter«.

Melanzane con capperi ~

Aubergine in Tomaten-Kapern-Sauce

Auberginen sind mit Tomaten und Kartoffeln (Familie der Solanaceae)verwandt. Interessant ist, dass die Urform der Aubergine nur etwa hühnereigroße weiße oder gelbe Früchte trug (daher der Name »Eierfrucht«). Die heutigen Sorten sind größer, von unterschiedlicher Gestalt und Farbe; es gibt auch fast kernlose und bitterstofffreie Sorten.

4 Portionen

1 große Aubergine, in etwa 21/2 cm große Würfel geschnitten
Meersalz und frisch gemahlener schwarzer Pfeffer
150 ml Olivenöl
2 geschälte gepresste Knoblauchzehen
350 g gehäutete und klein gehackte Tomaten
1 EL gesalzene Kapern, abgespült und trocken getupft

1 Die Auberginenwürfel in ein Sieb geben, leicht mit Salz bestreuen, zudecken und eine halbe Stunde ziehen lassen. Unter fließendem kaltem Wasser abspülen und gut trocknen.

2 Olivenöl in einer schweren Pfanne erhitzen, Knoblauch zugeben und anschwitzen.

3 Auberginen hinzufügen und 10 Minuten braten, anschließend Tomaten und Kapern einrühren und mit Salz und Pfeffer würzen. Pfanne zudecken und etwa 30 bis 40 Minuten vor sich hin köcheln lassen. Gelegentlich umrühren. Heiß oder kalt servieren.

~ Kapern sind die Blütenknospen des im Mittelmeerraum heimischen Kapernstrauchs. Sie kommen gesalzen oder in Essiglake eingelegt in den Handel. Gesalzene Kapern sind im Geschmack wesentlich besser, müssen vor der Verarbeitung aber gut mit Wasser gespült werden, um das Salz zu entfernen. Gelegentlich findet man in Spezialgeschäften auch Kapern in Balsamico-Essig oder die etwas größeren Kapernäpfel.

Scafata ~ Dicke Bohnen mit Mangold und Tomaten

Ein Rezept aus dem norditalienischen Piemont, das traditionell mit *bietole da taglio*, sehr jungen, in Streifen geschnittenen Mangoldblättern, zubereitet wird. Sie können stattdessen auch Spinat dazu verwenden.

4 Portionen

- 4 EL fruchtiges Olivenöl guter Qualität
- 1 geschälte gepresste Knoblauchzehe
- 1 geschälte gehackte Zwiebel
- 1 in Scheiben geschnittene Karotte
- 1 in Scheiben geschnittene Selleriestange
- 750 g frische ausgepalte dicke Bohnen
- Meersalz und frisch gemahlener schwarzer Pfeffer
- 450 g zarter Mangold, Stiele entfernt, Blätter in Streifen geschnitten
- 450 g gehäutete Tomaten, entkernt und klein gehackt
- 1 Bund glatte gehackte Petersilie
- 1 Bund frische, gehackte Minze
- natives Olivenöl extra

1 Das Öl in einem großen Topf erhitzen, Knoblauch, Zwiebel, Karotte, Sellerie und Bohnen zugeben und unter Rühren einige Minuten andünsten. Salz und Pfeffer sowie 4 EL Wasser hinzufügen, Topf zudecken und das Gemüse bei milder Hitze köcheln lassen, bis die Bohnen zart sind. Dies hängt von ihrer Größe ab. Bei jungen, zarten Bohnen dauert es nur etwa 5 bis 7 Minuten. Falls nötig, Wasser nachgießen.

2 Mangoldstreifen und Tomaten zugeben und bei leicht geöffnetem Deckel dünsten, bis die Tomaten eindicken und das Wasser verkocht ist.

3 Petersilie und Minze zugeben und würzen. Am liebsten esse ich dieses Gericht warm, nur mit ein wenig Olivenöl beträufelt.

~ Mangold und Spinat, beides dunkelgrüne Gemüse, sind sehr eiweißreich und besitzen einen großen Gehalt an Mineralstoffen sowie Provitamin A und Vitamin C. So kurz wie möglich garen, um den Vitamin-C-Gehalt zu bewahren.

Spinaci alla Romana ~ Spinat mit Rosinen und Pinienkernen

Kochen nach Art der Römer – alla romana – bedeutete ursprünglich, dass allen Gerichten eine gewisse »robuste Einfachheit« gemein war. Wichtig war, den köstlichen Eigengeschmack des Produktes nicht zu »übertünchen«. Außerhalb Italiens werden Gerichte *alla romana* oft zu kompliziert und überladen serviert.

4 Portionen

- 1 kg Spinat, harte Stiele entfernt
- 2 EL Olivenöl
- 25 g Butter
- 1 geschälte, in Scheiben geschnittene Knoblauchzehe
- 25 g Pinienkerne
- 25 g kernlose Rosinen, 15 Minuten in lauwarmem Wasser eingeweicht und gut getrocknet
- Meersalz und frisch gemahlener schwarzer Pfeffer

1 Spinat waschen und in einem großen Topf ohne zusätzliches Wasser dämpfen, bis er zusammenfällt. Gut abtropfen lassen, restliches Wasser aus den Blättern pressen.

2 Olivenöl und Butter in einer schweren Pfanne erhitzen, Knoblauch zugeben und anschwitzen. Anschließend die Knoblauchscheiben herausnehmen.

3 Spinat zusammen mit den Pinienkernen und den Rosinen in das Olivenöl geben. 10 Minuten dünsten und dabei häufig umrühren. Mit Salz und Pfeffer würzen. Heiß servieren.

~ Rosinen enthalten reichlich B-Vitamine und vor allem Zucker. Pinienkerne, die von unterschiedlichen Nusskiefern stammen können, weisen einen hohen Gehalt an Eiweiß, Fett und Kohlenhydraten auf. Zusammen ergeben sie eine recht nahrhafte Mischung.

Zucca all'agrodolce di Palermo ~ KÜRBIS SÜSS-SAUER

Ich liebe Kürbis. Hier handelt es sich um ein typisches sizilianisches Gericht, bei dem Süßes und Pikantes aufeinander abgestimmt werden. Viele sizilianische Rezepte kombinieren Gewürze mit Nüssen und Trockenfrüchten – ein Erbe der byzantinischen und arabischen Vergangenheit der Insel.

4 Portionen

1 kg Kürbis, geschält und entkernt
5 EL Olivenöl
1 ganze geschälte Knoblauchzehe
1 EL Kristallzucker
1 Bund frische, gehackte Minze
1 Msp. Zimt
8 EL Weißweinessig
frisch gemahlener schwarzer Pfeffer

1 Kürbisfleisch in etwa 1 cm große Würfel schneiden. Zusammen mit der Knoblauchzehe in heißem Öl etwa 3 Minuten lang anbraten. Den Knoblauch aus der Pfanne nehmen, sobald er sich zu verfärben beginnt.

2 Alle Kürbisstücke auf Küchenkrepp oder ein Geschirrtuch legen und das Fett abtropfen lassen, anschließend erneut in die Pfanne geben. Hitzezufuhr zurücknehmen.

3 Mit Zucker, gehackter Minze und Zimt bestreuen. Gut verrühren, dann den Weißweinessig darüber gießen und mit Pfeffer würzen. Die Pfanne zudecken und die Flüssigkeit verdampfen lassen. Kalt oder warm servieren.

~ Das gelb-orangefarbene Kürbisfleisch ist reich an Beta-Karotin, dem pflanzlichen Provitamin A. Kürbiskerne können bei milder Hitze im Backofen getrocknet und als Snack gegessen werden - sie enthalten viel Zink (vor allem Männern zu empfehlen).

Carciofi con spinaci ~ Artischockenherzen mit Spinat

Während der Artischockensaison im April und Mai sowie im Oktober werden in Italien Artischocken am Straßenrand direkt vom Lastwagen herab verkauft. Dieses Rezept stammt aus den Marken, einer Region, die berühmt ist für ihre köstlichen Artischocken und ihren Spinat.

4 Portionen

6 EL Olivenöl
1 kleine geschälte, fein gehackte Zwiebel
1 geschälte gepresste Knoblauchzehe
1 kg Spinat, gewaschen, abgetropft und fein gehackt
25 g Weizenmehl
Meersalz und frisch gemahlener schwarzer Pfeffer
8 junge runde Artischocken
50 g Semmelbrösel
50 g frisch geriebener Parmesan
1 Bund frische fein gehackte Minze
1 Bund frische fein gehackte Petersilie

1 Die Hälfte des Olivenöls in einer großen schweren Pfanne erhitzen, Zwiebel und Knoblauch hinzufügen und schonend 5 Minuten lang andünsten. Den Spinat zugeben und 2 Minuten mitdünsten.

2 Mehl einrühren, mit Salz und Pfeffer würzen, zudecken und bei milder Hitze 5 Minuten köcheln lassen.

3 Backofen auf 200 °C vorheizen. Gasherd Stufe 2–3.

4 Artischocken putzen, die harten äußeren Blätter entfernen und Blattspitzen mit Stacheln abschneiden (siehe unten). In eine mit Öl eingefettete ofenfeste Form geben und mit dem Spinat bedecken.

5 Restliches Olivenöl darüber gießen und mit Semmelbröseln, Parmesan, fein gehackter Minze und Pfeffer bestreuen. Im vorgeheizten Ofen 20 Minuten backen, Petersilie darüber streuen und servieren.

~ Versuchen Sie junge Artischocken mit langen, nicht abgeschnittenen Stielen zu bekommen. Je kürzer der Stiel, desto zäher ist meist die Artischocke. Bei jungen Artischocken ist die stachelige Blattspitze nur wenig ausgeprägt; zum Entfernen des inneren Heus die oberen Blätter auseinander breiten und mit einem Teelöffel herausschaben.

Carciofi alle mandorle ~

Artischockenherzen in Mandelsauce

Dies ist ein in der Artischockensaison in Kalabrien sehr beliebtes Gericht. Wenn Sie keine frischen Artischocken bekommen können, die Sie entsprechend zurichten müssen, können Sie auch auf Artischocken aus der Dose zurückgreifen. Kalabrische Gerichte sind oft süß-sauer, und häufig werden Mandeln verwendet – auch hier zeigt sich der nordafrikanische Einfluss.

4 Portionen

6 Artischockenherzen aus der Dose, abgetropft
2 EL gehackte Kapern (nach Geschmack)
2 kleine fein gehackte Essiggurken (nach Geschmack)

Mandelsauce

1/2 rote geschälte, gehackte Zwiebel
4 EL Olivenöl
1 geschälte gepresste Knoblauchzehe
100 g geriebene Mandeln
300 ml leichte selbst gemachte Gemüsebrühe (siehe Seite 61)
1 EL Weißweinessig
1 EL Kristallzucker
Saft einer Zitrone
Meersalz und frisch gemahlener schwarzer Pfeffer

1 Für die Zubereitung der Sauce, Zwiebel in einem Esslöffel Olivenöl glasig andünsten, dann den Knoblauch zugeben und anschwitzen. Anschließend die Mandeln und die Brühe hinzufügen und 15 Minuten köcheln lassen, bis die Sauce dick und cremig ist.

2 Das restliche Olivenöl, Weißweinessig, Zucker, Zitronensaft und ein wenig Salz und Pfeffer einrühren. Abkühlen lassen.

3 Artischockenherzen auf Tellern anrichten, mit der Sauce übergießen und, je nach Geschmack, mit Kapern und Essiggurken garnieren. Kalt servieren.

~ Die wunderbar cremige Mandelsauce passt nicht nur zu Artischocken, sondern kann zu jedem anderen Gemüse gereicht werden.

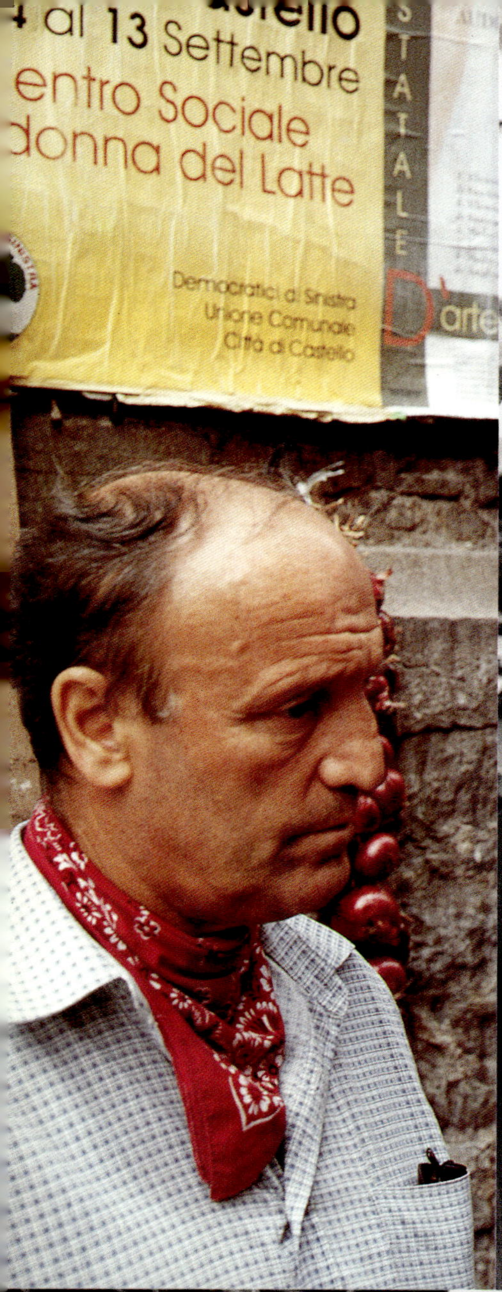
4 al 13 Settembre
entro Sociale
donna del Latte
Democratici di Sinistra
Unione Comunale
Città di Castello
STATALE
D'arte

Pomodori al forno ~ Tomaten aus dem Backofen

Dieses Rezept kreierte ich, als ich zu Hause in Italien eine Tomatenschwemme hatte. Es lässt sich wunderbar im Voraus zubereiten und problemlos aufwärmen, schmeckt aber auch kalt sehr gut.

4 Portionen

4 große frische Eiertomaten
ungesalzene Butter
100 g gekochter und klein gehackter Brokkoli
125 g in Scheiben geschnittener Provolone-Käse
2 EL Olivenöl
1/2 geschälte gepresste Knoblauchzehe
100 g frische Semmelbrösel
1 Bund glatte fein gehackte Petersilie
Meersalz und frisch gemahlener schwarzer Pfeffer

1 Tomaten quer halbieren und entkernen. Vorsichtig etwas Saft und Fruchtfleisch ausheben. Von jeder Tomatenhälfte unten ein kleines Stück abschneiden, damit sie fest stehen kann und nicht umkippt.

2 Die Tomatenhälften nebeneinander in eine genügend große ofenfeste Form geben. Zur Seite stellen.

3 Den Backofen auf 180 °C vorheizen. Gasherd Stufe 2.

4 Brokkoli und Käse in einer Schale vermischen. Olivenöl in einer Pfanne erhitzen und den Knoblauch leicht andünsten. Semmelbrösel und Petersilie dazugeben, gut verrühren und anschließend zum Brokkoli und Käse geben. Mit Salz und Pfeffer würzen.

5 Brokkoli-Käse-Masse gleichmäßig auf die Tomatenhälften verteilen. Die Tomaten etwa 20 Minuten lang backen, bis der Käse Blasen wirft und die Semmelbrösel braun werden. Sofort servieren.

~ Die Brokkoli-Käse-Füllung kann auch für Zucchini, Auberginen und Zwiebeln verwendet werden. (Zwiebeln müssen dazu erst blanchiert und ausgehöhlt werden, siehe Seite 135).

Involtini di melanzane ~ AUBERGINEN-RÖLLCHEN

Involtini sind »Röllchen«, die sich auch mit anderen Füllungen – beispielsweise Ricotta statt Mozzarella – zubereiten lassen. Sie eignen sich ideal für Antipasti.

4 Portionen

1 mittelgroße Aubergine
Meersalz und frisch gemahlener schwarzer Pfeffer
6 EL Olivenöl
1 rote, geröstete und gehäutete Paprikaschote
225 g in Scheiben geschnittener Mozzarella
1 Bund frisches Basilikum

1 Aubergine waschen und das Stielende abschneiden. Die Frucht der Länge nach in 5 mm dicke Scheiben schneiden (das ergibt etwa 12 Scheiben). Die Scheiben schichtweise in ein Sieb geben und jeweils mit Salz bestreuen. Abdecken und eine halbe Stunde einziehen lassen. Anschließend mit Wasser spülen und trocken tupfen.

2 Die Hälfte des Olivenöls in einer Pfanne erhitzen und die Auberginenscheiben andünsten. Sie sollten fest bleiben und nicht zu braun werden, da sie beim Aufrollen sonst brechen. Die Scheiben auf Küchenkrepp abtropfen lassen.

3 Den Backofen auf 200 °C vorheizen. Gasherd Stufe 2–3.

4 Auberginen auf der Arbeitsfläche auslegen. Die geröstete Paprika nach der Anzahl der Auberginenscheiben portionieren. Jede Scheibe mit einem Stück Paprika belegen, darüber eine Scheibe Mozzarella und dann ein Basilikumblatt. Mit Salz und Pfeffer würzen.

5 Auberginenscheiben aufrollen und in eine leicht eingefettete Backform schlichten. Mit Aluminiumfolie abdecken.

6 10 Minuten im vorgeheizten Ofen backen.

~ Paprikaschoten lassen sich am besten rösten und häuten, wenn man sie 25 Minuten lang in einen auf 200 °C vorgeheizten Backofen gibt (Gasherd Stufe 2–3). Wenn sie Blasen werfen herausnehmen und vollständig abkühlen lassen, anschließend vorsichtig die Haut abziehen. Lässt man sie, wie in vielen Rezepten empfohlen, vor dem Häuten in einem Beutel auskühlen, »schwitzen« sie zu sehr; das Fleisch wird zu wässrig und sie sind nicht mehr knackig genug.

Cipolline in agrodolce ~ Süss-saure Zwiebeln

Dieses typische Antipasto kennt man in ganz Italien. In Olivenöl eingelegt, lässt es sich gut im Glas aufbewahren. Von allen Gerichten, die ich an der Schule zubereite, findet dieses stets den meisten Anklang; außerdem ist es hervorragend dafür geeignet, die im September und Oktober reichlich vorhandenen Trauben einmal anders zu verwerten. Nichts könnte köstlicher sein.

Bortonni-Zwiebeln sind kleine, flache, abgeplattete Zwiebeln aus Italien. Sie können aber auch Schalotten oder große Frühlingszwiebeln (ohne Grün) nehmen.

4 Portionen

1 Dessertlöffel Kristallzucker
15 g Butter
2 Lorbeerblätter
450 g Bortonni-Zwiebeln oder Schalotten
50 ml Weißwein
Meersalz und frisch gemahlener schwarzer Pfeffer
100 g rote Trauben, halbiert und entkernt
1 Bund frische fein gehackte Petersilie (nach Geschmack)

1 Zucker in einer schweren Pfanne mit einem Esslöffel Wasser erhitzen, bis er karamellisiert. Sofort die Butter und die Lorbeerblätter einrühren.

2 Die Zwiebeln zugeben und einige Minuten dünsten, dann mit Wein ablöschen. Würzen, aufkochen, anschließend die Pfanne abdecken und 20 Minuten köcheln lassen.

3 Weintrauben dazugeben und weitere 10 Minuten ohne Deckel köcheln, damit die Flüssigkeit eindickt. Abschmecken und die Lorbeerblätter herausnehmen.

4 In Schalen geben und eventuell mit Petersilie garnieren. Heiß oder kalt servieren.

~ Schalotten und Zwiebeln sowie der Knoblauch enthalten Allizin, eine schwefelhaltige Verbindung, die für den typischen Zwiebelgeruch verantwortlich ist (und dafür sorgt, dass einem beim Zwiebelschneiden die Augen tränen). Allizin ist keimtötend, entzündungshemmend und wirkt regulierend auf die Bakterienflora des Magen-Darm-Trakts.

Fagioli in padella ~ Grüne Bohnen aus der Pfanne

Hier handelt es sich um eine Spezialität aus Domodossola (Provinz Novara im Piemont) – ein deftiges Bohnenrezept, das noch besser wird, wenn man es einen Tag zuvor zubereitet, damit sich die Geschmacksstoffe voll entfalten können. Ich liebe dieses einfache Essen, das nur mit Brot und eventuell einem Salat voraus serviert wird.

4 Portionen

900 g grüne Bohnen
2 EL Olivenöl
1 kleine, geschälte und gehackte Zwiebel
2 geschälte gepresste Knoblauchzehen
50 ml trockener Rotwein
225 g gehackte Tomaten aus der Dose mitsamt ihrem Saft
2 EL glatte fein gehackte Petersilie
1 TL frisches Basilikum oder 1/4 TL getrocknetes Basilikum
Meersalz und frisch gemahlener schwarzer Pfeffer

1 Bohnen putzen und in etwa 5 cm lange Stücke schneiden.

2 Olivenöl in einer großen Pfanne erhitzen und die Zwiebel mit dem Knoblauch etwa 3 Minuten lang darin andünsten.

3 Mit Rotwein ablöschen und bei milder Hitze so lange köcheln, bis der Wein fast vollständig eingekocht ist.

4 Bohnen und Tomaten zugeben, mit Salz und Pfeffer würzen und 30 Minuten schonend kochen, bis die Bohnen zart und die Sauce eingedickt ist. Petersilie und Basilikum unterschwenken und heiß servieren.

~ Die norditalienische Küche verwendet häufiger Alkohol als die süditalienische. Der Wein verleiht dem Gericht sein besonderes Aroma, außerdem passt er hervorragend zu den Bohnen. Immer den Wein verwenden, den man auch trinken würde - hier wäre ein Barbaresco oder ein Nebbiolo d´Alba - aus dem Piemont - eine köstliche Ergänzung.

Cavolfiori di Amalfi ~ Blumenkohl in Parmesan paniert

Dieses Familienrezept kann auch mit Brokkoli zubereitet werden. Wenn Sie Blumenkohl einmal ganz anders genießen möchten, dann sollten Sie dieses Gericht unbedingt kosten.

4 Portionen

1 Blumenkohl mittlerer Größe
2 EL Weizenmehl
2 Eier von frei laufenden Hühnern
4 EL frisch geriebener Parmesan
Meersalz und frisch gemahlener schwarzer Pfeffer
1 Bund glatte klein gehackte Petersilie
6 EL Olivenöl

1 Vom Blumenkohl die Röschen abschneiden und 6 Minuten dämpfen, bis sie zart sind. Vollständig abkühlen lassen.

2 Die Röschen einzeln im Mehl wenden.

3 Eier verquirlen, anschließend Parmesan, Salz und Pfeffer und die fein gehackte Petersilie zugeben.

4 Die Röschen in die Ei-Käse-Panade tauchen.

5 Olivenöl in einer Pfanne erhitzen und die Röschen darin von allen Seiten goldbraun anbraten. Öl abtropfen lassen und heiß, warm oder kalt servieren. Eventuell mit Petersilie bestreuen.

~ Die Blumenkohlröschen müssen vollständig abgekühlt sein, damit die Panade haftet. Geben Sie beim Dämpfen von Blumenkohl oder Brokkoli einige Lorbeerblätter ins Wasser; damit wird der blumenkohltypische Geruch neutralisiert und gleichzeitig das Lorbeeraroma freigesetzt.

Peperoni e porcini ~ Paprikaschoten mit Steinpilzen

Das Rezept stammt von meinem Freund Claudio, der in Perugia das Restaurant »La Taverna« führt. Dieses Gericht ist nicht nur fester Bestandteil seiner Speisekarte, es überzeugt auch durch exzellente Zubereitung!

4 Portionen

75 g getrocknete Steinpilze (porcini), in wenig Wasser eingeweicht (siehe Seite 32) oder 300 g frische Steinpilze
2 EL Olivenöl
2 geschälte, fein gehackte Knoblauchzehen
2 rote Paprikaschoten, entkernt und in dünne Streifen geschnitten
1 gelbe Paprikaschote, entkernt und in dünne Streifen geschnitten
1 mittelgroße Fenchelknolle, in feine Scheiben geschnitten
Meersalz und frisch gemahlener schwarzer Pfeffer

1 Steinpilze in einem Sieb abtropfen lassen. 2 Esslöffel Einweichwasser aufbewahren. Pilze in Streifen schneiden. Frische Steinpilze putzen und in feine Scheiben schneiden.

2 Olivenöl in einer schweren Pfanne erhitzen und den Knoblauch darin anschwitzen.

3 Paprikastreifen und Fenchel zugeben und 5 Minuten dünsten, anschließend die Pilze und die beiden Esslöffel Einweichwasser oder Wasser hinzufügen.

4 Pfanne zudecken und 5 Minuten köcheln lassen. Mit Salz und Pfeffer würzen und sofort servieren.

~ Das Wasser, in dem Steinpilze eingeweicht werden, niemals wegschütten. Es lässt sich (durchgesiebt) wunderbar als Grundlage für Suppenbrühen, Saucen und Risotti verwenden.

Peperonata ~ Paprika mit Tomaten und Zwiebeln

Dies ist ein klassisches Paprikagericht aus Süditalien, wo dieses Gemüse auf Feldern angebaut wird. Ich denke, jeder Haushalt besitzt seine eigene »Mischung«. Peperonata mit Olivenöl im Glas eingemacht eignet sich auch hervorragend als kleines Mitbringsel.

4 Portionen

6 EL Olivenöl
1 geschälte, in Ringe geschnittene Zwiebel
1 in Scheiben geschnittene Knoblauchzehe
2 große rote und 2 große gelbe Paprikaschoten, entkernt und in Streifen geschnitten
Meersalz und frisch gemahlener schwarzer Pfeffer
350 g gehäutete, gehackte Tomaten
1 Bund glatte fein gehackte Petersilie

1 Olivenöl in einer schweren Pfanne erhitzen, Zwiebel und Knoblauch zugeben und 5 Minuten andünsten.

2 Paprika hinzufügen, mit Salz und Pfeffer würzen. Weitere 5 Minuten dünsten und gelegentlich umrühren.

3 Tomaten und, falls nötig, etwas Wasser zugeben. Abschmecken und eventuell nachwürzen. Pfanne zudecken und 20 bis 30 Minuten lang köcheln lassen, dabei häufig umrühren, damit alles eindicken kann. Mit Petersilie bestreuen und heiß oder kalt als Antipasto servieren.

~ Paprikaschoten besitzen wie Tomaten und Petersilie einen hohen Vitamin-C-Anteil. Grüne Paprika sind noch unreif und daher weniger süß als die vollreifen roten oder gelben Paprika. Schmecken Sie die Peperonata doch einmal mit wenig Aceto balsamico ab – eine überraschende Geschmacksveränderung!

Zucchine con anice ~ Zucchini mit Anis

Sobald ich in den Geschäften Zucchini entdecke, weiß ich, dass der Sommer nicht mehr weit ist. Freunde aus dem Veneto haben mir dieses Rezept zukommen lassen. Normalerweise koche ich Zucchini mit Minze, deshalb war ich angenehm überrascht, wie gut sie mit Anis schmecken.

4 Portionen

2 EL natives Olivenöl extra
2 fein gehackte Knoblauchzehen
1/2 TL getrocknete Peperoncinoflocken
4 mittelgroße Zucchini, in 5 cm lange, dünne Streifen geschnitten
1 TL Anissamen
1 Bund frisches Basilikum, Blätter klein gezupft
3 frische, klein gehackte Thymianzweige
Meersalz und frisch gemahlener schwarzer Pfeffer
2 EL frisch geriebener Pecorino romano

1 Olivenöl in einer großen Pfanne erhitzen und den Knoblauch anschwitzen.

2 Peperoncini und Zucchini zugeben und gut verrühren. Die Pfanne zudecken und bei milder Hitze 10 Minuten köcheln lassen.

3 Anissamen darüber streuen und 1 Minute kochen. Von der Kochstelle nehmen und Basilikumblätter, Thymian, Salz und Pfeffer zugeben. Gut verrühren.

4 Zucchini auf Servierteller geben und mit dem Käse bestreuen. Sofort servieren.

~ Anissamen sind verdauungsfördernd und werden auch für die Herstellung des berühmten italienischen Holunderlikörs Sambuca verwendet. Anis gehört der selben Pflanzenfamilie an wie Dill, Kümmel und Fenchel.

Angiolini di Sant'Anna ~ Grüne Bohnen in Knoblauchsauce

Wenn mir beim Verfassen von Kochbüchern die Rezepte ausgehen, hilft mir meine Freundin Anna aus Perugia immer weiter – deshalb nenne ich sie hier den »Engel von Santa Anna«. Das hier ist eines ihrer »überirdischen« Rezepte: ein einfaches Gericht, unproblematisch zuzubereiten und schlichtweg köstlich.

4 Portionen

3 EL Olivenöl
2 geschälte gepresste Knoblauchzehen
1 große reife, gehäutete und gehackte Tomate
550 g grüne Bohnen, geputzt und halbiert
Meersalz und frisch gemahlener schwarzer Pfeffer

1 Olivenöl in einem Topf erhitzen und den Knoblauch darin anschwitzen. Tomaten einrühren, anschließend die Bohnen zugeben.

2 Wasser zugießen, bis es knapp die Bohnen bedeckt, nach Geschmack würzen und aufkochen lassen. Temperatur zurückdrehen und 15 bis 20 Minuten vor sich hin köcheln lassen, bis die Bohnen zart sind.

3 Den Deckel abnehmen und erneut aufkochen lassen, damit die Flüssigkeit einkocht. Heiß oder kalt servieren.

Grüne Bohnen strotzen vor Energie, das perfekte Gemüse für alle, die ein hektisches, rastloses Leben führen.

Cipolle farcite ~ Gebackene gefüllte Zwiebeln

Gefüllte Zwiebeln geben einen wunderbaren *contorno* ab, einen Zwischen- oder Gemüsegang für sich. Lassen Sie bei der Füllung Ihre Phantasie spielen: Neben der hier empfohlenen Käse-Eier-Mischung eignet sich auch Spinat hervorragend, das sieht zudem noch herrlich aus!

4 Portionen

4 geschälte Zwiebeln mittlerer Größe
100 g frisch geriebener Parmesan
85 g Butter
3 Eier von freilaufenden Hühnern
Meersalz und frisch gemahlener schwarzer Pfeffer
3 EL Brandy oder Weinbrand

1 Wasser zum Kochen bringen und Zwiebeln darin 15 Minuten lang kochen. Abtropfen lassen, halbieren und etwa zwei Drittel des Zwiebelkerns mit einem Löffel herausschälen.

2 Das Zwiebelinnere klein hacken und zusammen mit dem Käse, der Hälfte der Butter und den Eiern in eine Schale geben. Mit Salz und Pfeffer würzen. Gut verrühren und anschließend damit die ausgehöhlten Zwiebeln füllen.

3 Backofen auf 200 °C vorheizen. Gasherd Stufe 2–3.

4 Die restliche Butter in einer feuerfesten Form schmelzen, die Zwiebeln hineinlegen und mit dem Weinbrand beträufeln.

5 25 Minuten im vorgeheizten Ofen goldbraun backen. Sofort servieren.

Zwiebeln zählen zu den pflanzlichen Antibiotika, sie üben eine keimhemmende und keimtötende Wirkung auf die Flora der Mundhöhle und den gesamten Verdauungsapparat aus.

Patate al forno ~

Ofenkartoffeln mit Knoblauch, Rosmarin und Zitrone

Diese bekömmlichen Ofenkartoffeln werden durch den Zitronensaft knusprig und sehr aromatisch: Der Saft karamellisiert mit der Kartoffelstärke und lässt sie goldbraun werden. Das Gericht sollte am besten mit italienischen Frühkartoffeln zubereitet werden, Sie können aber auch andere, frühe oder späte Sorten verwenden.

4 Portionen

1 kg Speisefrühkartoffeln
125 ml Olivenöl
1 frischer Rosmarinzweig, Nadeln fein gehackt
Saft von 2 unbehandelten Zitronen
abgeriebene Schale einer unbehandelten Zitrone
3 geschälte, fein gehackte Knoblauchzehen
Meersalz und frisch gemahlener schwarzer Pfeffer

1 Elektrobackofen auf 200 °C vorheizen. Gasherd Stufe 2–3.

2 Kartoffeln gründlich waschen, nicht schälen und in 2,5 cm große Würfel schneiden. 10 Minuten lang kochen, anschließend in eine Schüssel geben.

3 In einer zweiten Schüssel das Dressing vorbereiten: Olivenöl, Rosmarin, Zitronensaft, Zitronenschale und Knoblauch vermischen.

4 Das Dressing mit den Kartoffeln gut verrühren. Kartoffeln auf ein Backblech oder in eine große ofenfeste Form geben und ca. 40 Minuten lang backen, bis sie goldbraun sind. Gelegentlich umrühren.

5 Mit Salz und Pfeffer würzen. Warm oder kalt servieren.

Patate e ricotta in polpette ~ Kartoffel-Ricotta-Bällchen

Diese sizilianische Spezialität sorgt bei Kindern immer für einiges Aufsehen, wenn beim Essen der Ricotta entdeckt wird. Ricotta ist sehr leicht und nährstoffreich; ich habe immer ein Stück davon im Kühlschrank, da man ihn für zahlreiche Rezepte verwenden kann.

4 Portionen

1 kg Spätkartoffeln
4 Eier von freilaufenden Hühnern
100 g frisch geriebener Parmesan
Meersalz und frisch gemahlener schwarzer Pfeffer
1 Bund glatte fein gehackte Petersilie
100 g Semmelbrösel
450 g Ricotta
1 TL frisch geriebene Muskatnuss
Olivenöl zum Frittieren

1 Kartoffeln mit der Schale kochen, schälen und pürieren. 2 Eier, geriebenen Parmesan, etwas Salz und Pfeffer, gehackte Petersilie und die Hälfte der Semmelbrösel zugeben, um das Püree einzudicken. Alles gut vermischen.

2 Ricotta-Käse in einer Schale mit einer Gabel zerdrücken. Mit Salz, Pfeffer und Muskatnuss würzen. Die beiden restlichen Eier in einer kleinen Schale verquirlen.

3 Die Hände befeuchten, auf den Handflächen aus dem Kartoffelpüree kleine Nester formen, einen Löffel Ricotta in die Mulde geben, mit Kartoffelpüree verschließen und daraus kleine Bällchen formen.

4 Jedes Bällchen zuerst in verquirltes Ei, dann in die restlichen Semmelbrösel tauchen. Anschließend in Olivenöl goldbraun frittieren. Gut abtropfen lassen und warm servieren.

~ Ricotta ist im Frühling am besten und cremigsten. Die Milch ist dann besonders fett, da die Schafe – oder Kühe – auf den saftigen Frühlingswiesen weiden.

Torta di melanzana ~ Auberginentorte

Das ist eines meiner absoluten Lieblingsgerichte: in einer Eier-Parmesan-Panade goldbraun und knusprig gebackene Auberginenscheiben, die schichtweise mit Mozzarella und frischer Tomatensauce belegt werden. Es lässt sich gut vorbereiten. Kurz vor dem Servieren kann es dann fertig gestellt werden.

4 Portionen

1 mittelgroße Aubergine, in dünne Scheiben geschnitten
Meersalz und frisch gemahlener schwarzer Pfeffer
900 g frische, reife Tomaten
1 geschälte, fein gehackte Zwiebel
1 geschälte, durchgepresste Knoblauchzehe
6 EL Olivenöl
1 TL Zucker
1 Bund Basilikum, Blätter klein gezupft
2 EL Weizenmehl
4 Eier von freilaufenden Hühnern
4 EL frisch geriebener Parmesan
350 g in Scheiben geschnittener Mozzarella

1 Auberginenscheiben mit Salz bestreuen, in ein Sieb legen, zudecken und 30 Minuten ziehen lassen.

2 Tomaten in eine Schale geben, kochendes Wasser darüber gießen, nach etwa 1 Minute herausnehmen und unter kaltem Wasser abschrecken. Haut abziehen, Fruchtfleisch klein hacken.

3 Zwei Esslöffel Olivenöl in einem großen Topf erhitzen, Knoblauch anschwitzen, anschließend die Zwiebeln zugeben und ebenfalls andünsten. Tomaten und Zucker hinzufügen und aufkochen, dann 40 Minuten im offenen Topf vor sich hin köcheln lassen, damit die Sauce einkocht. Mit Salz und Pfeffer würzen und einige Basilikumblätter zugeben. Die Sauce sollte dick und konzentriert sein.

4 Auberginenscheiben mit Wasser abspülen und trocken tupfen. Die Scheiben mit Mehl bestäuben und zur Seite stellen.

5 Eier in einer Schale verquirlen und 3 Esslöffel Parmesan zugeben. Das restliche Olivenöl in einer Pfanne erhitzen. Auberginenscheiben in die Ei-Käse-Panade tunken und dann von beiden Seiten goldbraun braten. Auf Küchenkrepp legen, damit das Fett abtropfen kann.

6 Backofen auf 190 °C vorheizen. Gasherd Stufe 2–3. Den Boden einer Springform (20 cm Durchmesser) mit Auberginenscheiben bedecken, darüber ein Drittel der Mozzarellascheiben legen, gefolgt von der Tomatensauce. Weitere Lagen aufschichten, wobei die oberste aus Auberginen bestehen sollte.

7 Mit 1 Esslöffel Parmesan bestreuen und im Backofen in 20 bis 25 Minuten goldbraun backen.

~ Mozzarella wird oft aus Kuhmilch hergestellt, für echten Mozzarella verwendet man jedoch Büffelmilch. »Mozzarella buffalo« hat einen zarten milden Geschmack – man kann den Käse auch »solo« genießen. Mozzarella aus Kuhmilch eignet sich besser zum Überbacken. Man sollte auf gute Qualität achten!

Patate e zucchine al forno con aglio ~

Kartoffeln und Zucchini aus dem Backofen

Spunta-Kartoffeln, die auch mein Vater anbaut, besitzen ein gelbes, sehr saftiges Fruchtfleisch und sind überaus nährstoffhaltig. Sogar die Erde in den handgenähten Säcken, in denen sie auf den Markt kommen, riecht herrlich.

4 Portionen

- 6 große italienische Frühkartoffeln (Spunta)
- 2 Zucchini mittlerer Größe
- 6 EL Olivenöl
- 3 geschälte gepresste Knoblauchzehen
- 2 frische Rosmarinzweige, Nadeln gehackt
- Meersalz und frisch gemahlener schwarzer Pfeffer

1 Elektrobackofen auf 200 °C vorheizen. Gasherd Stufe 2–3.

2 Die gewaschenen Kartoffeln und die Zucchini in etwa 2,5 cm große Würfel schneiden. Zucchini in eine Schale geben und zur Seite stellen.

3 Olivenöl und Knoblauch in einer ca. 35 × 23 cm großen ofenfesten Form miteinander verrühren. Kartoffeln dazugeben und gut mit dem Öl vermengen. 30 bis 45 Minuten im Ofen backen, dabei häufig umrühren.

4 Zucchini und Rosmarin in die Form geben, gut vermischen und weitere 10 Minuten backen. Mit Salz und Pfeffer würzen und sofort servieren.

Zu diesem Gericht können Sie alle Kartoffelsorten verwenden; die Sorte »Spunta« kommt auch aus Frankreich, Griechenland und Belgien auf unsere Märkte. Auch die Insel Zypern exportiert »Spunta«.

Patate della nonna ~ Kartoffeln nach Grossmutters Art

Das Gericht weckt in mir Erinnerungen an zu Hause. Es vereint die beiden Lieblingsgemüse unserer Familie: Kartoffeln und Spinat. Servieren Sie den Kartoffelkuchen in Stücke geschnitten, als *contorno*, als separaten Gemüsegang.

4 Portionen

450 g geschälte italienische Frühkartoffeln (Spunta)
Meersalz und frisch gemahlener schwarzer Pfeffer
1 Bund frische, fein gehackte Petersilie
1/2 TL frisch gemahlene Muskatnuss
100 g frisch geriebener Parmesan
2 große verquirlte Eier von freilaufenden Hühnern
225 g Spinat, gut gewaschen und fein gehackt
55 g ungesalzene Butter
55 g angebräunte Semmelbrösel

1 Kartoffeln weichkochen, abgießen und zerstampfen. Salz, Pfeffer, Petersilie, Muskatnuss, Parmesan, Eier und Spinat zugeben und gut verrühren.

2 Elektrobackofen auf 200 °C vorheizen. Gasherd Stufe 2–3.

3 Eine Kuchenform von ca. 25 cm Durchmesser mit etwas Butter einfetten und den Boden mit etwa der Hälfte der Semmelbrösel bedecken. Die Kartoffelmasse darüber geben und mit den restlichen Semmelbröseln bestreuen.

4 Butterflocken aufsetzen und den Kuchen in etwa 10 Minuten goldbraun backen.

~ In der italienischen Küche werden häufig Semmel- oder Brotbrösel verwendet. Sie können Sie auch leicht selbst herstellen: Altbackenes Weißbrot bei milder Hitze im Backofen knusprig backen, anschließend in ein Geschirrtuch geben und mit einem Nudelholz zerbröseln. In einem luftdicht verschließbaren Gefäß aufbewahren.

INSALATE

In unserer Familie wurde zu jedem Essen ein eigener Salatgang aufgetragen. Meine Grossmutter war der festen Überzeugung, dass eine insalata nach dem Hauptgang der Verdauung förderlich sei. Inzwischen weiss man, dass Salat vor dem Hauptgang noch besser für Gesundheit und Verdauung ist. Wie viele Italiener zog sie bittere grüne Salate vor – sie werden in Italien als *cicoria* bezeichnet und stehen für eine große Vielfalt wildwachsender wie kultivierter Pflanzen; sie sind von bitterem Geschmack und wirken positiv auf die Verdauung.

Ich liebe den Salatgang in der italienischen Küche und schätze die Einfachheit des Dressings, das oft nur aus hochqualitativem Olivenöl, Zitronensaft und Gewürzen besteht (im Norden mit Wein- oder Balsamico-Essig verfeinert). Sogar das Salatdressing kann zu Ihrer Gesundheit beitragen. Olivenöl enthält einfach ungesättigte Fettsäuren, die den Cholesterinspiegel nicht belasten. Außerdem enthält es viele Nährstoffe, wenn es aus ökologischem, nicht kommerziellem Anbau stammt. Verwenden Sie für das Dressing natives Olivenöl extra, das von Region zu Region unterschiedlich ist – von hell über grünfruchtig bis dunkel und schwer; sein Geschmack allerdings ist immer einzigartig und hervorragend. Aber benutzen Sie natives Olivenöl extra nicht zum Kochen; das wäre in meinen Augen eine Verschwendung des »grünen Goldes«, wie ich es gern bezeichne.

Bei der Zubereitung von Blattsalaten sind einige Grundregeln zu beachten: Kaufen Sie keine welken oder gelblich verfärbten Salate, die braune Flecken aufweisen. Dies sind Anzeichen dafür, dass es sich um alte Ware handelt. Frische Salate sind gleichmäßig grün, die Blätter sind knackig und federn, wenn man sie schüttelt, der Kopf sollte sich fest anfühlen. Die gleichen Kriterien gelten auch bei Rucola, Radicchio und Frisée. Waschen Sie die Salate erst unmittelbar vor der Zubereitung. Die Blätter in einem Sieb gut abtropfen lassen und dann vorsichtig in ein Haushaltstuch einschlagen, damit überschüssiges Wasser aufgesaugt wird. An nassen Salaten haftet das Öl nur sehr schlecht. Wer viel Salat zubereitet, sollte sich eine Salatschleuder kaufen. Das Dressing wird erst kurz vor dem Verzehr hinzugegeben.

Natürlich werden in der italienischen Küche nicht nur Blattsalate verwendet. Die vielen Gemüsesalate zeugen erneut von der Liebe der Italiener zu ihrem Gemüse. Ich stelle Ihnen hier eine breite Palette vor – darunter Salate mit Artischocken, Fenchel, Auberginen und Kartoffeln – und hoffe, dass Sie Gefallen daran finden. Ein guter Salat, sagt man, sollte eine Kombination von Pflanzen die über der Erde und unter der Erde wachsen, angereichert durch Früchte oder Sprossen und Kräuter sein. Er liefert so ein ausgewogenes Angebot an Nährstoffen. Ich denke, dass die hier vorgestellten Rezepte diese Empfehlung weitgehend berücksichtigen.

Insalata di melanzane e cipolle ~
Auberginen-Kartoffel-Salat

Dieses Rezept stammt von Salvatore Veltri, einem kalabrischen Freund der Familie. Ich verbrachte zehn Tage bei ihm, während derer er mir zeigte, wie man die köstlichen roten Zwiebeln kocht, die er für den Export anbaut. Tropea-Zwiebeln werden zu Beginn des Frühlings und im Spätsommer geerntet, ihre Knollen sind dunkelrot, rund, oval oder länglich, von süßem Geschmack und hervorragend für Salate oder Rohkost geeignet.

4 Portionen
1 feste Aubergine von etwa 200 g Gewicht
Meersalz und frisch gemahlener schwarzer Pfeffer
200 g italienische Speisefrühkartoffeln
2 geschälte rote Zwiebeln
1 Bund frische Minze, gezupft
1 Bund frischer Oregano, gezupft
1–2 EL Weißweinessig
3 EL natives Olivenöl extra

1 Die Aubergine schälen, waschen und unzerteilt 10 Minuten in reichlich Wasser kochen. Abtropfen und abkühlen lassen. In Streifen schneiden und in eine Schüssel geben.

2 Kartoffeln schälen, in Scheiben schneiden und weich kochen. Abgießen und zur Aubergine geben.

3 Zwiebeln fein hacken und mit den Kräutern, dem Essig und Olivenöl unter die Kartoffeln und die Aubergine mischen. Mit Salz und Pfeffer würzen und gut verrühren. Bei Zimmertemperatur servieren.

~ Lino Businco, Mediziner an der römischen Universität, bezeichnet die Zwiebel als »die Freundin des Blutes; sie hält es so flüssig und fließend wie das Blut eines jungen Mannes.«

Insalata di rucola e fichi ~ Rucola-Feigen-Salat

Rucola gehört zur selben Familie wie Senf und Brunnenkresse, wovon sein bitterer, von nussiger Schärfe geprägter Geschmack zeugt. Rucola, ein in Deutschland als Rauke bekanntes Würzkraut, erlebte in den letzten Jahren vor allem durch italienische Importe eine ungemeine Renaissance. Man kann aus ihm auch ein sehr pikantes Pesto herstellen.

4 Portionen
225 g Rucolablätter
125 g frische, reife geviertelte Feigen
1 EL frisch gepresster Zitronensaft
2–3 EL fruchtiges natives Olivenöl extra
Meersalz und frisch gemahlener schwarzer Pfeffer

1 Rucolablätter gut waschen, in kleinere Stücke rupfen und sorgfältig trocknen.

2 Rucola und Feigen locker miteinander vermischen und Zitronensaft, Olivenöl und Gewürze darübergeben. Sofort servieren.

Insalata di Sicilia ~

Salat aus Tomaten, Minze und roten Zwiebeln

Wunderbare Erinnerungen begleiten diesen Salat, den ich mit meinem Vater in Syrakus, Sizilien, genossen habe. Freunde, die dort Gemüse anbauen, servierten ihn uns nach der langen staubigen Fahrt zu ihrem Hof als Teil eines köstlichen Menüs. Es war das erste Mal, dass ich Tomaten, Zwiebeln und Minze in einem Gericht vereint gekostet habe: eine ganz erstaunliche Kombination!

4 Portionen

- 4 feste sonnengereifte Tomaten oder 20 Strauchtomaten
- 1/2 kleine, geschälte und fein gehackte rote Zwiebel
- 1 Bund frische fein gehackte Minze
- 3 EL natives Olivenöl extra
- Schale und Saft einer unbehandelten Zitrone
- Meersalz und frisch gemahlener schwarzer Pfeffer

1 Tomaten in Scheiben schneiden, Strauchtomaten nur halbieren und auf einer großen Servierplatte anrichten.

2 Zwiebeln und Minzblätter über die Tomaten streuen und mit Olivenöl und Zitronensaft beträufeln. Darüber die sehr fein gehackte Zitronenschale geben und mit Salz und Pfeffer würzen.

3 Den Salat 20 Minuten ziehen lassen, bevor Sie ihn servieren.

~ Alle Zutaten sollten von höchster Qualität sein. Sind Ihre heimischen Tomaten noch nicht reif, dann verwenden Sie welche aus den südlichen Ländern. Wer mag, kann noch ein paar Späne Parmesan über den Salat hobeln.

Broccoli in insalata ~ Brokkolisalat

Die rohe Karotte macht diesen Salat knackig, der gekochte Brokkoli verleiht ihm eine etwas weichere Konsistenz. Und der Zitronensaft verstärkt noch das Brokkoliaroma (wie bei allen gekochten grünen Gemüsesorten, besonders aber beim Frühlingsgemüse, das ich am meisten schätze).

4 Portionen

- 450 g Brokkoliröschen
- Meersalz und frisch gemahlener schwarzer Pfeffer
- 4 kleine Karotten
- Saft von 4 Zitronen
- 1/2 TL getrocknete Peperoncinoflocken
- 2 EL fruchtiges Olivenöl

1 Die Brokkoliröschen in reichlich Salzwasser 7 Minuten kochen. Abgießen und unter kaltem Wasser abschrecken. Abtropfen und auskühlen lassen.

2 Karotten schälen und in kleine Streifen raspeln.

3 Karottenstreifen und Brokkoliröschen miteinander vermischen und mit Zitronensaft, Peperoncinoflocken, Salz, Pfeffer und Olivenöl anrichten.

~ Brokkoli ist ein naher Verwandter des Blumenkohls. Kaufen Sie keinen gelblich verfärbten Brokkoli. Der Strunk sollte wie frisch geschnitten aussehen; ist er trocken, könnte der Brokkoli hart werden. Der chlorophyllhaltige Brokkoli ist dem Blumenkohl an Inhaltsstoffen überlegen: er enthält Provitamin A in 30-facher Menge wie Blumenkohl; hohe Vitamin-B-Werte sowie viele Mineralien. Probieren Sie auch einmal die köstlichen purpurroten Brokkolisprossen.

Insalata di rinforzo ~ Blumenkohlsalat

Der italienische Name bedeutet »Unterstützungssalat«. Er wird an Weihnachten als erfrischender Zwischengang serviert, um die anderen Gerichte am Tisch hervorzuheben und zu akzentuieren.

4 Portionen

1 Blumenkohl
Meersalz und frisch gemahlener schwarzer Pfeffer
55 g halbierte, entsteinte grüne Oliven
1 EL Kapern guter Qualität
1 EL gehackte, sonnengetrocknete Tomaten
1 geröstete rote Paprikaschote (siehe Seite 123), fein gehackt
1 Bund glatte fein gehackte Petersilie
2 EL natives Olivenöl extra
2 EL Rotweinessig

1 Vom Blumenkohl etwa gleich große Röschen abschneiden. Gut in kaltem Wasser spülen. Röschen in einen großen Topf geben und mit kaltem Wasser auffüllen. 1 Teelöffel Salz zugeben, zum Kochen bringen und anschließend 5 bis 6 Minuten lang al dente kochen. Abgießen.

2 In der Zwischenzeit die Oliven, Kapern, sonnengetrockneten Tomaten, die geröstete Paprika, Petersilie und die Gewürze in einer Salatschüssel vermischen. Die Blumenkohlröschen zugeben.

3 Olivenöl und Weinessig in einer kleinen Schale miteinander verrühren. Über den Salat geben und gut einrühren. Die Schale zudecken und den Salat etwa 1 Stunde ziehen lassen, bevor Sie ihn servieren.

~ Blumenkohl schmeckt in Italien am besten im Winter und wird daher häufig im Dezember zubereitet. Auch die Oliven sind bis dahin geerntet und werden zum ersten Mal für das Weihnachtsmenü verwendet.

Insalata di spinaci e patate ~ Spinat-Kartoffel-Salat

Die Kombination dieser beiden Zutaten ergibt einen köstlichen, deftigen und nahrhaften Salat.

4 Portionen

1 kg Spinat
55g ungesalzene Butter
Meersalz und frisch gemahlener schwarzer Pfeffer
3 EL natives Olivenöl extra
1 Dessertlöffel Balsamico-Essig
4 mittelgroße Speisefrühkartoffeln, gewaschen und in dünne Scheiben geschnitten

1 Spinat gut waschen und harte Stiele entfernen. In einem großen Topf ohne zusätzliches Wasser dünsten, bis die Blätter zusammenfallen.

2 Butter zusammen mit etwas Salz und Pfeffer, dem Olivenöl und dem Weinessig zum Spinat geben. Gut einrühren.

3 Kartoffelscheiben weich kochen und in den Spinat rühren. Warm servieren.

~ Der Salat eignet sich besonders für den Winter. Er ist gesund, überaus energiereich und enthält die Kohlenhydrate der Kartoffeln und die Nährstoffe des grünen Gemüses.

Carciofi con pesto ~ Artischockensalat mit Pesto

Im Unterschied zu dem bereits vorgestellten Pesto-Rezept werden hier weniger Basilikum und Knoblauch verwendet – der besondere Geschmack der Artischocken soll durch die pikante Schärfe dieser beiden Zutaten nicht verdeckt werden.

4 Portionen

6 kleine Artischocken
Saft von 2 Zitronen

Pesto

1 geschälte durchgepresste Knoblauchzehe
2 EL Pinienkerne
55 g frisches Basilikum
3 EL natives Olivenöl extra
3 EL frisch geriebener Parmesan
1 EL frisch geriebener Pecorino romano

1 Artischocken vorbereiten: Die harten oberen Blätter nach unten abziehen, bis die blassgelben, zarten Blätter zum Vorschein kommen. Deren Spitzen abschneiden, so dass noch etwa 2,5 cm lange Blätter übrig bleiben.

2 Mit einem Schälmesser(Kartoffelschäler) die dunkelgrünen Bereiche entlang des Stielendes entfernen. Den Stiel abschneiden und die harten Fasern unterhalb des Blütenkopfs entfernen. Es sollte nur der helle, zarte, mittlere Teil stehen bleiben. Die Artischocken der Länge nach halbieren. Sorgfältig das innere Heu entfernen, dabei darauf achten, dass das Herz nicht verletzt wird. In Zitronenwasser legen.

3 Kleine Artischocken etwa 10 Minuten, größere ein wenig länger kochen. Abtropfen und auskühlen lassen.

4 Für die Pestozubereitung (siehe auch Seite 99) einen großen Mörser verwenden. Alle Zutaten langsam mit dem Stößel zerreiben, bis eine weiche Paste entsteht.

5 Den Pesto über die Artischocken gießen und bei Zimmertemperatur servieren.

~ Sollten Sie keine frischen Artischocken zur Verfügung haben, können Sie auch Artischockenherzen aus dem Glas oder der Dose verwenden, die Sie abgießen und in nativem Olivenöl mit ein wenig Knoblauch marinieren.

Insalata di peperone e capperi ~ Paprikasalat mit Kapern

Wenn mich in meiner Kindheit der Hunger überkam, schien in der Küche immer dieser Salat bereitgestanden zu haben. Wir mussten uns nur noch eine dicke Scheibe Brot dazu abschneiden.

4 Portionen

- 3 mittelgroße, geröstete gelbe Paprikaschoten (siehe Seite 123)
- 4 große reife Tomaten
- 1 geschälte Knoblauchzehe mittlerer Größe
- 1 Bund frisches Basilikum
- 1 Bund frische Minze
- 2 EL natives Olivenöl extra
- Meersalz und frisch gemahlener schwarzer Pfeffer
- 2 EL Kapern von guter Qualität, in Balsamico-Essig

1 Geröstete Paprikaschoten abkühlen lassen, dann häuten und die Samen entfernen. In dünne Streifen schneiden.

2 Tomaten in Stücke schneiden und in eine Schale geben. Knoblauch fein hacken und unter die Tomaten rühren. Die mit der Hand zerkleinerten Basilikum- und Minzeblätter, Olivenöl, Salz und Pfeffer zugeben und gut vermischen.

3 Paprikastreifen auf einem Servierteller anrichten und die »Tomatensauce« darübergießen. Gut vermischen und 30 Minuten durchziehen lassen.

4 Mit Kapern und, nach Geschmack, weiteren Minzeblättern bestreuen und servieren.

Tomaten und Basilikum sollten zusammen angebaut werden, da die ätherischen Öle des Basilikums Blattläuse und andere Insekten von den Tomaten fernhalten.

Insalata di finocchio e arancia ~ Fenchel-Orangen-Salat

Dieser ungewöhnliche und farbenfrohe sizilianische Salat steckt voller Vitamin C. Eine alte sizilianische Redeweise besagt, wenn es auf Sizilien nichts mehr zu essen gebe, blieben noch immer die Blutorangen.

4 Portionen

- 6 mittelgroße Blutorangen oder Navelorangen
- 1 mittelgroße Fenchelknolle, geputzt und in dünne Scheiben geschnitten
- 1 rote Zwiebel, in feine Ringe geschnitten
- 2 EL fein geschnittene Fenchelblätter
- 3 EL frische, fein gehackte Walnüsse
- 2 EL fruchtiges natives Olivenöl extra
- Meersalz und frisch gemahlener schwarzer Pfeffer
- 8 Romanasalatblätter

1 Orangen schälen und die weißen Häutchen so sorgfältig wie möglich entfernen. In dünne Scheiben schneiden und leicht überlappend in eine flache Schale legen.

2 Mit Fenchelstreifen, Zwiebelringen, Fenchelblättern und Walnüssen bedecken. Mit Olivenöl beträufeln und mit Salz und Pfeffer würzen.

3 Abdecken und einige Stunden bei Zimmertemperatur einziehen lassen. Dabei häufig wenden.

4 Zum Servieren den Salat auf ein Bett aus Romanasalatblättern anrichten.

Dieser Salat ist ein gutes Beispiel für die im Süden vorherrschende Neigung, Süßes – den Fenchel – mit Saurem zu verbinden – den Blutorangen, die säuerlicher sind als Navelorangen. Die Zugabe von schwarzen Oliven ist eine köstliche Variation.

Insalata con erbe ~ GRÜNER SALAT MIT KRÄUTERN

Dieses Rezept stammt aus dem Süden des Landes, wo alle Begebenheiten im Leben eine religiöse oder abergläubische Bedeutung tragen. Hier werden sieben Kräuter verwendet, welche die sieben Kardinaltugenden repräsentieren sollen.

4 Portionen

1 frischer, knackiger Romanasalat
1/2 Treviso-Radicchio
1 Bund Rucola
1 großer Bund mit sieben Kräutern aus dem Garten (z. B. Basilikum, Petersilie, Thymian, Majoran, Schnittlauch, Salbei und Minze)
1 in dünne Ringe geschnittene Fenchelknolle

DRESSING

3 EL natives Olivenöl extra
1 EL Zitronensaft
Meersalz und frisch gemahlener schwarzer Pfeffer

1 Salatblätter waschen und trocken tupfen. Die Kräuter waschen, trocknen und fein hacken. Salatblätter und Kräuter locker vermischen, anschließend die Fenchelringe darüber geben.

2 Die Zutaten für das Dressing verrühren und mit Salz und Pfeffer würzen.

3 Damit die Salatblätter knackig bleiben, erst unmittelbar vor dem Servieren das Dressing über den Salat geben.

Insalata d'orto ~ GARTENSALAT

Dieses Rezept ist eine Eigenkreation, die dadurch zustande kam, dass ich einfach alles verwendete, was sich noch in meinem Vorrat befand. Der Salat ist voll im Geschmack, von herrlichem Aroma und sieht noch dazu gut aus.

4 Portionen

2 Stangen Staudensellerie
2 geschälte Karotten
1 kleine geschälte rote Zwiebel
8 kleine sonnengereifte Tomaten
1 Bund glatte Petersilie
1 Bund frische Minze
3 EL fruchtiges natives Olivenöl extra
1 EL Zitronensaft
Meersalz und frisch gemahlener schwarzer Pfeffer

1 Sellerie, Karotten und Zwiebel grob hacken. Die Tomaten halbieren. Petersilie und Minze fein hacken.

2 Alle Zutaten in eine Schale geben und mit Salz und Pfeffer würzen. Gut vermischen und sofort servieren.

~ Staudensellerie sollte verzehrt werden, wenn er gelb, nicht grün ist. Sein Geschmack ist dann milder, angenehmer, da er mehr Zeit zum Reifen hatte. Er regt die Bildung von Magensäure an, bringt Kreislauf und Stoffwechsel in Schwung und fördert durch seinen hohen Kaliumgehalt die Entwässerung.

Insalata della nonna ~ SALAT NACH GROSSMUTTERS ART

Die Kombination von Kartoffeln und Bohnen macht diesen herzhaften Salat zu einer nahrhaften kleinen Mahlzeit. Natives Olivenöl extra rundet den Geschmack ab

4 Portionen
450 g grüne Bohnen, geputzt und in mundgerechte Stücke geschnitten
450 g gekochte Frühkartoffeln
Meersalz und frisch gemahlener schwarzer Pfeffer
1 Bund frischer, gehackter Oregano
2 EL frisch gepresster Zitronensaft
4 EL natives Olivenöl extra
1 durchgepresste Knoblauchzehe
6 reifte Tomaten, grob gehackt

1 Die grünen Bohnen etwa 7 Minuten lang garen, sie dürfen noch Biss haben.

2 Kartoffeln je nach Größe 10 bis 15 Minuten in Salzwasser weich kochen.

3 In der Zwischenzeit Zitronensaft und Olivenöl mit den Gewürzen, Kräutern und dem Knoblauch verrühren.

4 Tomaten hinzufügen und gut mit den Kartoffeln und Bohnen vermischen.

~ Es lohnt sich, mit unterschiedlichen Ölen zu experimentieren – sie zu verkosten, so wie es andere mit Wein machen – und herauszufinden, welche man besonders mag. Olivenbauern, die ihr Öl in einer einzigen Pressung gewinnen und es dann keiner weiteren Behandlung aussetzen, tunken ein Stück Brot in dieses noch ungeklärte trübe Öl und können beim Kosten seinen Geschmack und seine Qualität bestimmen.Gutes Olivenöl sollte an einem kühlen Platz in einer lichtgeschützten Flache aufbewahrt werden (nicht länger als 1 Jahr).

Panzanella alla Minori ~ BROTSALAT

Von diesem ursprünglich aus der Toskana stammenden Salat gibt es zahlreiche Variationen. Wie viele Gerichte aus dieser Gegend dient es dazu, altbackenes Weißbrot aufzubrauchen.

4 Portionen
200 g grobporiges Weißbrot ohne Kruste
5 reife, Tomaten, fein gehackt
1 geschälte, fein gehackte rote Zwiebel
1/2 fein gehackte Gurke
2 fein gehackte Selleriestangen
6 schwarze entsteinte und fein gehackte Oliven
1 Bund frisches Basilikum
1 Bund frische Minze
80 ml natives Olivenöl extra
25 ml Weißweinessig
Meersalz und frisch gemahlener schwarzer Pfeffer

1 Weißbrot in mundgerechte Stücke schneiden und in eine Salatschüssel geben. Mit wenig Wasser beträufeln.

2 Alle Gemüse und die klein gezupften Kräuter zugeben und gut vermischen.

3 Mit Olivenöl und Weinessig anrichten und mit Salz und Pfeffer würzen. Gut durchrühren und vor dem Servieren eine halbe Stunde einziehen lassen.

~ Grobporiges Weißbrot – mit Olivenöl gebacken – ist für diesen Salat am besten geeignet, da es seine Form behält und nicht zerfällt. Eine gekaufte Ciabatta oder das Olivenbrot auf Seite 166 sind ideal für dieses Rezept.

PANE

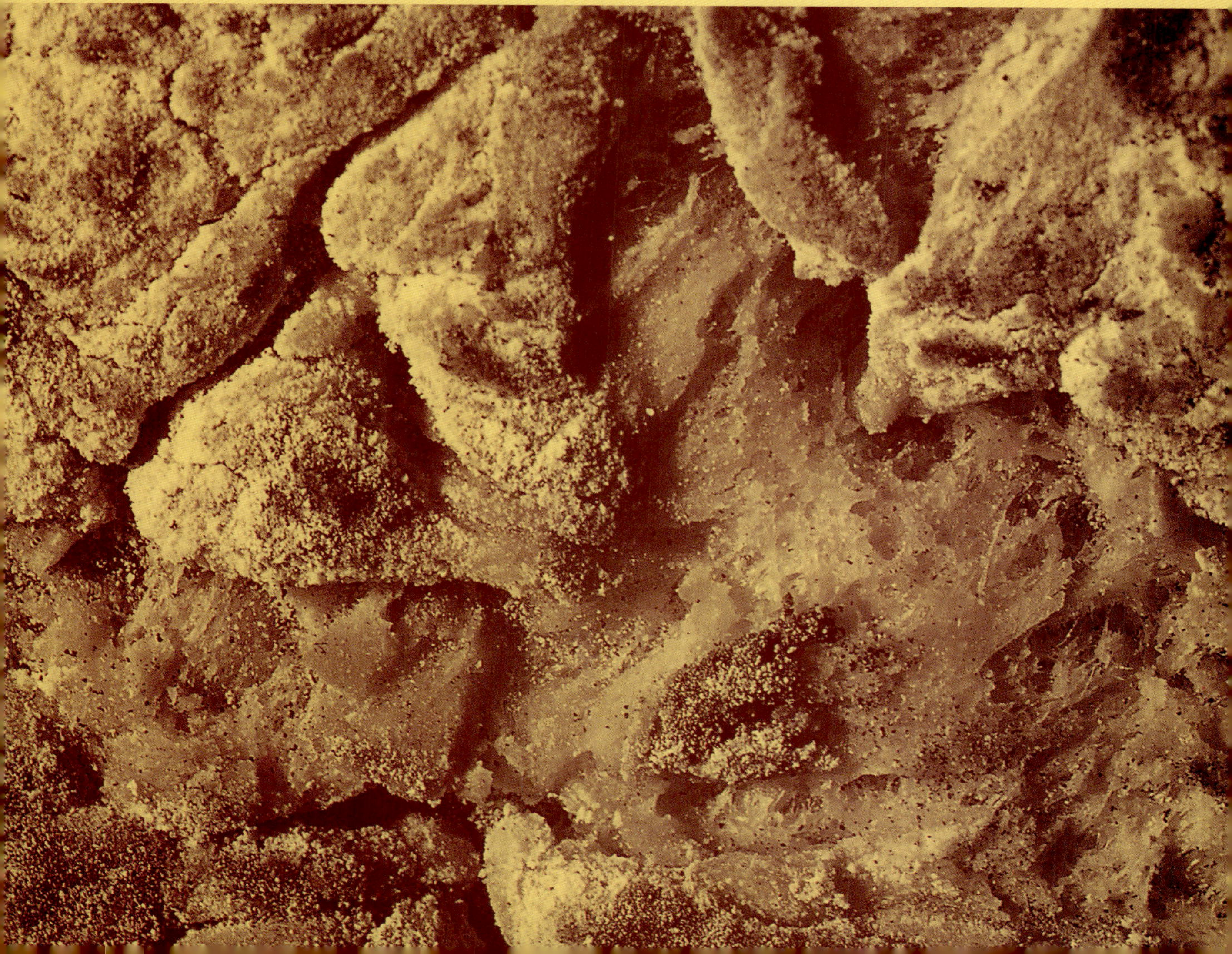

~

NAHEZU ALLE KULTUREN DER WELT KÖNNEN AUF IHRE EIGENE TRADITION DES BROTBACKENS ZURÜCKBLICKEN. IN ITALIEN IST SIE BESONDERS STARK AUSGEPRÄGT. Eine italienische Mahlzeit ohne Brot wäre nicht vollständig, und kein italienischer Koch, der sein Salz wert ist, würde zu seinen Gerichten nicht die eine oder andere Art Brot reichen. Brot gehört so selbstverständlich zum Essen wie das Besteck oder die Servietten.

Italiener verzehren jeden Tag Brot, dabei handelt es sich meist um ein rustikales, grobporiges Hefeweißbrot, das mit Olivenöl gebacken wird – eine *Ciabatta* zum Beispiel oder ein *Pugliese* aus Weizengrieß und Hartweizen (es stammt aus Puglia in Süditalien und hält sich länger als jedes andere italienische Brot). Man kann im Teig allerdings auch Zutaten mitbacken, Käse oder Oliven etwa, wie auf den folgenden Seiten vorgestellt; bei manchen Broten wird der Teig um eine Füllung gerollt, andere sind vollkommen flach, damit sie belegt werden können. Die Pizza aus Neapel ist wohl die bekannteste Vertreterin, allerdings finden sich in Italien zahlreiche Variationen davon: die *focaccia* aus Genua oder die *schiacciata* der Toskana – die aber in ganz Mittelitalien zubereitet wird, um nur zwei zu nennen. Brote können pikant sein oder auch süß (diese lassen sich wunderbar zum Frühstück servieren), daneben gibt es viele Brote, die zu religiösen Festen wie Ostern oder Weihnachten gebacken werden.

Italienisches Brot wird schnell altbacken, da bei seiner Herstellung meist kein Salz verwendet wird. Das trifft vor allem auf die Brote aus der Toskana zu, wo die hohe Salzsteuer im Mittelalter dazu führte, dass Bäcker salzlose Brotrezepte ersannen. Daher gibt es dort auch so viele Rezepte für altes Brot: Brotsuppe, *pappa al pomodoro* und *panzanella*, ein Brotsalat (*siehe* Seite 159). Aus Brot werden *crostini*, die italienische Version der Croûtons, hergestellt, daneben die mit Olivenöl (oder anderen, phantasievolleren Zutaten) beträufelte *bruschetta* und natürlich Semmelbrösel, die in regionalen Küchen oft eine wichtige Rolle spielen.

Ich backe mehrmals in der Woche Brot und esse es jeden Tag. Es stellt einen wichtigen Teil meiner Ernährung dar. Zu einem Salat oder einem Gemüsegericht verzehrt, hält diese Kombination bis zur nächsten Mahlzeit vor.

Wird das Brotbacken zu einer regelmäßigen Tätigkeit, geschieht etwas Wunderbares in Ihrem Leben: Der Duft und die gespannte Erwartung, wenn das neue, frische Brot aus dem Ofen geholt wird, die Wärme, die es dabei verströmt, ja allein schon die Tatsache, dass wir uns Zeit dafür genommen haben, rufen wieder ins Gedächtnis, welch wunderbarer Ort das Zuhause doch ist. Manchem mag das nichtig erscheinen, für mich aber stellt Brotbacken ein Gegengewicht zu jenen gesellschaftlichen Kräften dar, durch die sich die Familie und der Freundeskreis immer weiter voneinander entfernen. Das Brotbacken ist die einzige Tätigkeit in der Küche, auf die ich mich jedesmal wieder voller Leidenschaft stürze, und ich denke, es wäre schön, wenn wir unsere Kinder ermutigen würden, sich daran mit der ihnen eigenen Freude zu beteiligen.

Biga ~ Italienischer Teigansatz

Biga ist die Grundlage für gutes italienisches Weißbrot. Um das Gehen des Teiges zu beschleunigen, wurde die *biga* erfunden. Sie verleiht dem Brot die typischen »Augen«, die wundervolle offene Oberfläche und den köstlichen Geruch. Die Biga kann im Anfangsstadium jedem Brotteig zugegeben werden: neben der Flüssigkeit und Hefe einfach noch 50 ml *biga* in die Mehlmulde geben.

2,5 g frische Hefe
50 ml Wasser, handwarm
125 g Mehl (vorzugsweise Type 550)

1 Wasser in eine Schale geben, Hefe einbröckeln und gut verrühren. Mehl einrühren, bis ein dicker Brei entsteht.

2 Mit einem feuchten Küchentuch bedecken und bei Zimmertemperatur 24 bis 36 Stunden fermentieren lassen – aber nicht länger, da die Biga sonst scharf und säuerlich wird. Das Tuch dabei immer feucht halten.

~ Beachten Sie bitte, dass Sie – auch wenn Sie die *Biga* verwenden – Ihrem Teig immer noch weitere Hefe zugeben müssen. Und keine Sorge, wenn Sie feststellen sollten, dass sich die Biga zu trennen beginnt: einfach wieder alles zusammenrühren.

Pane di oliva ~ Olivenbrot

Ich stieß auf dieses Rezept während einer kulinarischen Reise durch Ligurien. Von den vielen Olivenbroten, die wir dort kosteten, schmeckte uns das am besten. Verwenden Sie die besten Oliven, die Sie bekommen können, vorzugsweise aromatisierte, in Öl eingelegte Früchte aus Feinkostläden; eventuell müssen Sie noch das langwierige Entsteinen in Kauf nehmen, doch die Mühe lohnt sich. Und wenn Sie das Rezept erst einmal beherrschen, können Sie darangehen, es abzuwandeln, indem Sie Gewürze wie etwa Thymian oder Oregano hinzufügen.

Ergibt 4 kleine Laibe

15 g frische Hefe
200 ml Wasser, handwarm
500 g Weizenmehl (Type 405 oder 550)
1/2 TL Meersalz
Olivenöl
150 g schwarze Oliven, entsteint und klein gehackt

1 Hefe in 60 ml Wasser einrühren. Mit einem Tuch bedecken und etwa 15 Minuten gehen lassen.

2 Mehl, Salz und 3 Esslöffel Olivenöl in eine Schüssel geben. Hefe und das restliche Wasser hinzufügen und alles zu einem festen, klebrigen Teig vermengen. Falls nötig, noch etwas Wasser zugeben.

3 Etwa 10 Minuten kneten, bis der Teig glatt und geschmeidig ist. Wenn nötig, etwas Mehl hinzufügen. Anschließend die Oliven in den Teig kneten.

4 1 Esslöffel Olivenöl in die Schüssel geben und den Teig darin wenden, damit die Oberfläche eingefettet ist und sich keine Kruste bilden kann. Die Schüssel mit einem feuchten Tuch abdecken und den Teig 1 1/2 Stunden lang gehen lassen, bis er sein Volumen verdoppelt hat.

5 Den Teig erneut einige Minuten lang durchkneten, anschließend in vier gleich große Kugeln teilen, je nach persönlicher Vorliebe formen und auf ein eingeöltes Backblech geben. Erneut mit einem Tuch zudecken und etwa 1 Stunde gehen lassen.

6 Elektrobackofen auf 240 °C vorheizen. Gasherd Stufe 4.

7 Die Laibe mit Wasser einpinseln – damit die Kruste weicher wird – und etwa 30 Minuten backen. Auf einem Gitterrost auskühlen lassen.

~ Damit sich die Oliven gleichmäßig im Teig verteilen, vor dem Einkneten leicht mit Mehl bestäuben. Grüne Oliven sind fester als schwarze, und kleine meist intensiver im Geschmack als große Oliven. Experimentieren Sie!

Focaccia di Liguria con fontina ~

Ligurisches Brot mit Kartoffeln und Fontina-Käse

Eine Focaccia kann, je nach Region, dünn oder dick sein. Im eleganteren Norden ist sie meist dünn, in ländlichen Gegenden und im bäuerlichen Süden dick und rustikal. Das Rezept hier ist für eine dünne Focaccia, die mit Kartoffelscheiben und Fontina-Bergkäse aus dem Aosta-Tal belegt wird – ein gutes, warmes Essen für den Winter.

8 Portionen

7 g frische Hefe
350 ml Wasser, handwarm
7 EL Biga (siehe Seite 165)
3 EL natives Olivenöl extra
450 g Weizenmehl (Type 405 oder 550)
1 1/2 TL Meersalz

Für den Belag

250 g Speisefrühkartoffeln, gewaschen und in dünne Scheiben geschnitten
Meersalz und frisch gemahlener schwarzer Pfeffer
2 geschälte Knoblauchzehen
125 g Fontina-Käse, entrindet und in dünne Scheiben geschnitten
Olivenöl
4 TL frische, fein gehackte Rosmarinnadeln

1 In einer großen Rührschüssel Hefe mit dem warmem Wasser verrühren, die Biga und das Olivenöl dazugeben. Mehl und Salz vermischen und in die Hefe-Masse einrühren, bis ein weicher Teig entsteht.

2 Den Teig aus der Schüssel nehmen und auf einer bemehlten Arbeitsfläche 8 bis 10 Minuten lang walken, damit er glatt und geschmeidig wird. In eine leicht eingeölte Schüssel geben, mit einer Frischhaltefolie bedecken und 1 bis 1 1/2 Stunden gehen lassen, bis er sein Volumen verdoppelt hat.

3 In der Zwischenzeit die Kartoffelscheiben in Salzwasser 5 Minuten köcheln, gründlich abgießen und trocknen lassen. Den Teig aus der Schüssel nehmen und auf einem etwa 28 × 43 cm großen Backblech zu einem ovalen Laib formen.

4 Mit dem Finger Grübchen in den Teig drücken und mit dem Knoblauch, den Kartoffel- und Käsescheiben belegen. Ein wenig Olivenöl darüber träufeln, mit Salz, Pfeffer und dem gehackten Rosmarin bestreuen. 20 Minuten bei Zimmertemperatur stehen lassen.

5 Elektrobackofen auf 200 °C vorheizen.
Gasherd Stufe 2–3.

6 Das Brot 25 bis 30 Minuten lang backen, bis es an der Oberfläche goldbraun ist. Auf einem Rost abkühlen lassen und verzehren, so lange es noch warm ist.

~ Verwenden Sie gute Kartoffeln: Frühkartoffeln wie Spunta oder Elvira sind einfach köstlich und hervorragend für dieses Rezept geeignet.

Pane con pomodori e cipolle rosse ~

Brot mit Tomaten und roten Zwiebeln

Dieses pikant gewürzte Brot stammt ursprünglich aus Tropea in Kalabrien, wo Tomaten und Zwiebeln im Überfluss gedeihen und man scharf gewürzte Gerichte bevorzugt.

Ergibt 1 Laib

30 g frische Hefe
150 ml Wasser, handwarm
450 g Weizenmehl (Type 405 oder 550)
2 TL Meersalz
450 g reife Tomaten
1 EL Olivenöl
2 rote Zwiebeln, geschält, halbiert und in feine Ringe geschnitten
3 TL frischer, gehackter Oregano
1 TL getrocknete Peperoncinoflocken

1 Die Hefe in eine Schüssel bröckeln, mit etwas Wasser verrühren. 5 Minuten stehen lassen. Mehl und Salz in einer großen Schüssel verrühren. Eine Mulde ins Mehl drücken und die Hefe hineingeben.

2 Mit einem hölzernen Kochlöffel Mehl und Hefe verrühren, so dass ein dicker Brei entsteht. Schüssel mit einem Küchentuch abdecken und etwa 1 Stunde lange gehen lassen.

3 Die Tomaten etwa 1 Minute in kochendes Wasser geben, herausnehmen, abschrecken und anschließend häuten. Kerne entfernen und Fruchtfleisch grob zerhacken.

4 Das Olivenöl in einem Topf erhitzen. Tomaten, Zwiebelringe, Oregano und Peperoncini zugeben. Die Topf zudecken und den Inhalt 10 Minuten bei milder Hitze köcheln. Anschließend die Tomatensauce in einer Schüssel abkühlen lassen.

5 Die Tomatensauce in den Teig rühren, so dass dieser weich und klebrig wird. Sollte er zu feucht sein, weiteres Mehl zugeben.

6 Den Teig auf einer bemehlten Arbeitsfläche 10 Minuten walken, bis er glatt ist.

7 Den Teig in eine leicht eingeölte Schüssel geben und mit einem feuchten Küchentuch bedecken. Etwa 1 Stunde gehen lassen, bis er seine doppelte Größe erreicht hat. Anschließend die Luftblasen aus dem Teig schlagen und ihn 5 Minuten lang drehen (siehe Seite 180). Weitere 10 Minuten lang stehen lassen. Den Backofen auf 200 °C vorheizen. Gasherd Stufe 2–3.

8 Den Teig zu einem runden Laib formen. Auf ein eingeöltes Backblech legen, zudecken und etwa 35 Minuten gehen lassen, bis er erneut doppelte Größe erreicht hat. Anschließend 45 Minuten lang backen. Die Oberfläche muss goldbraun sein, das Innere hohl klingen, wenn Sie mit dem Finger dagegen klopfen. Auf einem Rost abkühlen lassen.

Crescia ~ Brot mit Käse und schwarzem Pfeffer

Dies ist ein altes Familienrezept. Umso überraschter war ich, als ich es vor kurzem in einer römischen Bäckerei (Volpetti in Testaccio) gesehen habe. Ein sehr, sehr schmackhaftes Brot; der Käse ist äußerst aromatisch, der Pfeffer verleiht ihm eine pikante Würze. Genießen Sie es zu Wein und Obst.

Ergibt 1 Laib

- 4 EL Wasser, handwarm
- 15 g frische Hefe
- 4 EL Vollmilch, lauwarm
- 3 große Eier von freilaufenden Hühnern
- 175 g Pecorino romano, in Würfel geschnitten
- 1/2 EL grob gemahlener schwarzer Pfeffer
- 175 g ungesalzene Butter, geschmolzen und etwas abgekühlt
- 450 g Weizenmehl (Type 405 oder 550)
- 1 EL Olivenöl

1 Wasser in eine kleine Schüssel geben, Hefe hineinbröckeln und umrühren, damit sie sich auflöst. Die Schüssel zudecken und 10 Minuten stehen lassen, bis die Masse breiig wird. Milch zugeben.

2 Eier in einer großen Schüssel mit einem Schneebesen verquirlen, anschließend die Hefemasse hinzugeben. Käse, Pfeffer und geschmolzene Butter einrühren, dann löffelweise das Mehl zugeben, bis eine weiche Teigkugel entsteht. Sollte die Teigmasse noch klebrig sein, mehr Mehl zugeben.

3 Den Teig auf einer bemehlten Arbeitsfläche etwa 5 Minuten lang walken, bis seine Oberfläche samtig wird. Abgedeckt etwa 10 Minuten ruhen lassen.

4 Olivenöl in eine große Schüssel gießen, den Teig dazugeben und im Öl schwenken. Mit einem Küchentuch abdecken und etwa 1 1/2 Stunden gehen lassen, bis er sich auf das Doppelte vergrößert hat.

5 Die Luftblasen aus dem Teig schlagen und ihn anschließend auf der leicht bemehlten Arbeitsfläche zu einer festen, glatten Kugel kneten. Auf ein eingefettetes Backblech legen und weitere 30 Minuten gehen lassen.

6 Elektrobackofen auf 200 °C vorheizen.
Gasherd Stufe 2–3.

7 Das Brot 30 bis 35 Minuten lang backen, bis es braun ist. Auf einem Rost abkühlen lassen.

~ Das Brot kann auch in Form eines Ringes oder als Brötchen zubereitet werden (die Backzeit verringert sich entsprechend). Je mehr man einen Teig knetet, um so aroma- und geschmacksärmer wird das Brot; aber das Kneten ist natürlich unerlässlich – das richtige Maß muss man selbst herausfinden.

Calzone di prezzemolo ~ Petersilien-Calzone

Wortwörtlich übersetzt bedeutet Calzone »Hose« oder »Hosenbein« und bezieht sich auf den doppelt eingeschlagenen Hosenstoff oder, in diesem Fall, Brotteig. Das Rezept stammt von der Bar Mundial in Cassibile auf Sizilien – danke dir, Gianni Fronterrè. Das Gericht ist leichter, als man erwartet, weniger teigig als andere Calzoni, und die Füllung ist zwar unglaublich schlicht, aber sehr, sehr köstlich.

Ergibt 1 grosse Calzone

7 g frische Hefe
ein wenig Kristallzucker
225–250 ml Wasser, handwarm
550 g Weizenmehl (Type 405 oder 550)
15 g Salz
80–125 ml Olivenöl
1 geschälte, fein gehackte Zwiebel
1 sehr großer Bund glatte fein gehackte Petersilie
frisch gemahlener schwarzer Pfeffer
350 g Mozzarella, in kleine Würfel geschnitten
Weizenmehl zum Bestäuben

1 Die Hefe mit dem Zucker und ein wenig Wasser breiig rühren.

2 Mehl und Salz in einer großen Schüssel miteinander verrühren. Die Hälfte des Olivenöls, das Wasser und die Hefe zugeben und mit einem Holzlöffel verrühren, so dass ein Teig entsteht.

3 Den Teig aus der Schüssel nehmen und 10 Minuten kräftig walken, bis er weich und geschmeidig ist. In eine saubere Schüssel geben, abdecken und etwa 1 Stunde gehen lassen, bis er sein doppeltes Volumen erreicht hat.

4 In der Zwischenzeit die Füllung zubereiten: Das restliche Olivenöl in einer Pfanne erhitzen. Die Zwiebel glasig andünsten, anschließend die Petersilie zugeben und 2 Minuten über milder Hitze einrühren. Mit Pfeffer würzen und zur Seite stellen. Erst wenn alles abgekühlt ist, den Käse dazugeben.

5 Elektrobackofen auf 200 °C vorheizen.
Gasherd Stufe 2–3.

6 Die Luftblasen aus dem Teig schlagen, anschließend ca. 4 Minuten kneten. Zu einem 38 × 20 cm großen Rechteck ausrollen und darüber die Zwiebel-Käse-Masse geben, wobei Sie einen etwa 1 cm breiten Rand frei lassen sollten.

7 Den Teig nun der Länge nach von beiden Seiten einschlagen, so dass die Füllung umschlossen wird. Auf ein eingefettetes Blech legen. Erneut 10 Minuten gehen lassen, dann mit etwas Mehl bestäuben.

8 Im vorgeheizten Ofen 20 Minuten backen, bis die Calzone goldbraun ist. Auf einem Rost abkühlen lassen und in dicke oder dünne Scheiben schneiden, um sie als Häppchen oder Canapés zu genießen. Schmeckt kalt und warm!

Focaccia all'olio di salvia ~ Olivenölbrot mit Salbei

Von diesem Brot kann man wohl nie genug bekommen! Es wird aus Wasser, Wein und Olivenöl hergestellt, schmeckt einfach köstlich und besitzt eine helle, knusprige Oberfläche. Man muss dafür einen Vorteig anrühren, eine Art schnellere Version der Biga. Der Wein fungiert als zusätzliches Treibmittel und verstärkt natürlich den Geschmack. Die Salbeiblätter, mit denen das Brot belegt wird, werden im Backofen kross und schmecken genauso, wie sie aussehen – hervorragend.

4 Portionen

Für den Vorteig
20 g frische Hefe
125 ml Wasser, handwarm
150 g Weizenmehl (Type 405 oder 550)

Für den Teig
80 ml trockener Weißwein
80 ml helles Olivenöl
20 frische gehackte Salbeiblätter
15 g frische Hefe
350 g Weizenmehl (Type 405 oder 550)
2 TL Meersalz

Für den Belag
2 EL aromareiches Olivenöl
1–2 TL Meersalz
frische gehackte Salbeiblätter oder ganze kleine Blätter, Menge nach Geschmack

~ Ein leckeres Brot, das etwas Erfahrung erfordert. Wenn es Ihnen mit der Zeit leichter von der Hand geht, können Sie zu experimentieren beginnen. Verwenden Sie andere Kräuter oder nehmen Sie statt der frischen Hefe etwa die halbe Menge konzentrierter Trockenbackhefe. Bei manchen Broten ersparen Sie sich dadurch das Ansetzen des Vorteigs. Trockenbackhefe geht auf, wenn sie in der Teigmasse mit der Flüssigkeit in Berührung kommt.

1 Wasser in eine große Rührschüssel geben, zerbröckelte Hefe einrühren und etwa 10 Minuten gehen lassen, bis sie breiig wird. Das Mehl unterrühren und den Teig glatt schlagen. Dicht mit einer Klarsichtfolie verschließen und 30 Minuten stehen lassen, bis die Hefe aufgeht und Blasen wirft.

2 Für den Teig: Wein, Olivenöl, Salbei und Hefe zum Vorteig geben, anschließend in kleinen, abgemessenen Portionen das Mehl und Salz unterrühren, bis der Teig sehr weich und klebrig ist. Auf einer leicht bemehlten Arbeitsfläche kneten und, falls nötig, zusätzliches Mehl hinzugeben. Der Teig sollte weich, aber nicht mehr feucht sein.

3 Den Teig in eine leicht eingefettete Form geben, dicht zudecken und 20 Minuten gehen lassen.

4 Die Luftblasen aus dem Teig schlagen und anschließend die Masse etwa 5 mm dick kreisförmig ausrollen. Auf ein eingeöltes Backblech legen, abdecken und 1 Stunde gehen lassen.

5 Mindestens 30 Minuten vor Backbeginn den Elektrobackofen auf 200 °C vorheizen. Backstein in den Ofen legen, falls Sie einen besitzen. Gasbackherd zu Backbeginn auf Stufe 2–3 einstellen.

6 In die Teigoberfläche mit dem Finger kleine Mulden drücken. Das Olivenöl über die Focaccia träufeln und mit grobem Salz und Salbei bestreuen.

7 Das Brot in den gut vorgeheizten Backofen schieben (auf dem Backstein, falls vorhanden). Das Ofeninnere in den ersten 10 Minuten dreimal mit kaltem Wasser besprühen. Insgesamt 25 bis 30 Minuten backen, bis das Brot goldbraun ist. Aus dem Ofen nehmen und abkühlen lassen.

Pane con fichi ~ Feigenbrot

Dieses Brot bereite ich in der Kochschule zum Frühstück zu, wo es sich großer Beliebtheit erfreut. Wir nennen es *panmarino*, das italienische Gegenstück zum französischen *brioche*. Es ist leicht, innen von satter gelber Farbe, sehr aromareich und lässt sich gut aufbewahren. Es kann auch als kleines Brötchen hergestellt werden; die Backzeit verringert sich dann auf 20 Minuten.

Ergibt 2 Laibe

350 g getrocknete Feigen
abgeriebene Schale und Saft von 6 unbehandelten Orangen
15 g frische Hefe
150 ml Wasser, handwarm
200 g ungesalzene Butter
450 g Weizenmehl (Type 405 oder 550)
1 1/2 TL Meersalz
55 g ganze geröstete Mandeln
2 verquirlte Eier von freilaufenden Hühnern
Puderzucker zum Bestäuben

~ Feigen enthalten einen hohen Anteil an Eisen, Kalium, Calcium und Magnesium und sind aufgrund ihres hohen Gehalts an Faser-/Ballaststoffen mild abführend. Sie können natürlich auch frische Feigen verwenden.Probieren Sie auch andere Füllungen aus: Hervorragend eignet sich eine Mischung aus Walnüssen und kernlosen roten Trauben.

1 Die Feigen über Nacht im Orangensaft mit abgeriebener Orangenschale einweichen. Die Feigen müssen nicht vollständig bedeckt sein, es reicht völlig, wenn sie Feuchtigkeit ziehen.

2 Die Hefe in etwas Wasser auflösen und etwa 10 Minuten gehen lassen. Butter und Salz in einer großen Schüssel mit dem Mehl vermischen.

3 Die Feigen in kleine daumennagelgroße Stücke schneiden, die Mandeln grob hacken. Beides zusammen mit der Orangenschale und dem eventuell noch übrigen Saft zum Mehl geben.

4 Die Hefe, die verquirlten Eier und das restliche Wasser hinzufügen. Mit einem Holzlöffel verrühren, bis sich eine weiche Masse zu formen beginnt. Auf einer Arbeitsfläche ca. 10 Minuten walken, bis ein glatter, geschmeidiger Teig entsteht. In eine saubere Schüssel geben, mit einem feuchten Tuch bedecken und 3 Stunden gehen lassen. (Je fettreicher der Teig, umso langsamer geht er auf.)

5 Die Luftblasen aus dem Teig schlagen und ihn anschließend zu zwei Kugeln formen. Jede Kugel einige Minuten drehen (siehe Seite 180), anschließend auf ein Backblech geben und abgedeckt 1 Stunde gehen lassen.

6 Elektrobackofen auf 200 °C vorheizen. Gasherd Stufe 2–3.

7 Die beiden Laibe 35 Minuten backen, bis sie goldbraun sind und innen hohl klingen, wenn man unten mit dem Finger dagegen klopft. Auf einem Rost auskühlen lassen und mit Puderzucker bestäuben.

Schiacciata dolce ~ Süsses Fladenbrot

In etruskischen Gräbern finden sich interessante Bildnisse, die Szenen aus dem Alltagsleben dieser frühen Bewohner Mittelitaliens zeigen, darunter Abbildungen, die vielleicht die Pasta- und Brotherstellung darstellen (wahrscheinlich war es eher die Darstellung eines »pulmentum«, eines Getreidebreis). Zu den Rezepten aus früher Zeit gehört auch die *schiacciata*, ein Fladenbrot, das heute noch, je nach Region, in zahlreichen Varianten gebacken wird. Schiacciata bedeutet »zusammengepresst«, »flachgedrückt«; in Siena findet man sie als Osterfladen mit Puderzucker bestreut, im nur eine Autostunde entfernten Florenz als flaches Gebäck mit Kräutern und Zwiebeln. Das folgende Rezept ist eine ältere Version der Schiacciata und wird in einer rechteckigen Backform gebacken.

Ergibt 1 grossen Laib

175 ml plus 2 EL Wasser, handwarm
15 g frische Hefe
275 g Weizenmehl (Type 405 oder 550)
1 TL Olivenöl
1 großes, verquirltes Ei von freilaufenden Hühnern
100 g ungesalzene, geschmolzene Butter
40 g Kristallzucker
je 1 EL abgeriebene Schale einer unbehandelten Zitrone und Orange
1/8 TL Safranpulver
1 EL Vanilleextrakt
Puderzucker zum Bestäuben

~ Das Brot ist von leicht süßem Geschmack und eignet sich, warm serviert, hervorragend zum Frühstück oder zum Tee. Es hält sich etwa zwei Tage.

1 Wasser in eine Schüssel geben, Hefe hinzufügen und umrühren, bis sie sich auflöst. 5 Minuten ruhen lassen.

2 Löffelweise das abgemessene Mehl dazugeben und mit den Händen eine Teigkugel kneten. Anschließend auf der leicht bemehlten Arbeitsfläche den Teig kräftig durchwalken.

3 Eine Schüssel einölen und den Teig darin schwenken. Abdecken und etwa 1 Stunde gehen lassen, bis der Teig sein Volumen verdoppelt hat.

4 Die Luftblasen aus dem Teig schlagen, damit er wieder in sich zusammenfällt, anschließend das Ei, die geschmolzene Butter (2 Esslöffel Butter für später aufheben), die Zitronen- und Orangenschalen, Zucker, Safran und Vanille zugeben. Mit einem Holzlöffel sanft etwa 10 Minuten lang unterrühren. Der Teig wird dann sehr feucht und klebrig sein. Falls notwendig, weiteres Mehl zugeben.

5 Mit einem Esslöffel geschmolzener Butter eine 30 × 25 cm große Backform einfetten. Den Teig mit einem Gummischaber in die Form geben und glatt streichen. Die restliche geschmolzene Butter über dem Teig verteilen und an einem warmen Ort zugedeckt weitere 1 1/2 Stunden gehen lassen.

6 Elektrobackofen auf 200 °C vorheizen. Gasherd Stufe 2–3.

7 Den Teig 20 bis 25 Minuten lang goldbraun backen. Auf einem Rost abkühlen lassen. In Rechtecke schneiden und mit Puderzucker bestreuen.

Coppia Ferrarese ~ Ferrara-Brötchen

Ferrara ist berühmt für sein Wasser – mit ein Grund, warum das Brot dieser Region so beliebt ist. Das Rezept stammt von einem ortsansässigen Bäcker, mit dem ich mich eines Abends auf der Piazza unterhalten habe. Obwohl es zahlreiche Versionen davon gibt, beharrte er darauf, dass dies das einzig wahre Rezept sei. Statt des Ferrara-Wassers kann man aber auch stilles Mineralwasser nehmen.

Ergibt etwa 12 Brötchen

- 7 g frische Hefe
- 200 ml Wasser, handwarm
- 500 g Weizenmehl (Type 405 oder 550)
- 2 TL Meersalz
- 3 EL Biga (siehe Seite 165)
- 3 EL Olivenöl
- 3 EL Weizengrieß zum Überstreuen

~ Beim Drehen auf den Rand der Teigkugel leichten Druck ausüben und sie dabei gleichmäßig im Uhrzeigersinn kreisen lassen. Dadurch wird das Brot leichter und entwickelt mehr Hohlräume und Bläschen.

1 Die Hefe in etwas handwarmem Wasser auflösen.

2 Mehl und Salz vermischen. Eine Mulde formen und die Biga, das Olivenöl, die Hefe und den größten Teil des noch übrigen Wassers zugeben. Gründlich verrühren, damit ein weicher, elastischer Teig entsteht.

3 Den Teig auf einer bemehlten Arbeitsfläche 8 Minuten kneten, damit der Kleber besser quellen kann. Den Teig in eine saubere Schüssel geben, mit einem feuchten Tuch abdecken und 1 1/2 Stunden gehen lassen, bis er sein Volumen verdoppelt.

4 Die Luftblasen aus dem Teig schlagen und ihn daraufhin 6 Minuten lang drehen (siehe unten).

5 Den Teig in 12 Teile schneiden, die Teile nochmals durchschneiden und jeweils zu einem etwa 13 cm langen Teigstreifen formen. Die beiden Streifen zopfartig ineinander verflechten, so dass insgesamt 12 zopfförmige Brötchen entstehen. Auf ein mit Weizengrieß bestreutes Backblech legen und 20 Minuten lang gehen lassen.

6 Elektrobackofen auf 200 °C vorheizen.
Gasherd Stufe 2–3.

7 Ein tiefes Backblech mit Eiswürfeln füllen und auf den Boden des Backofens stellen. Dadurch wird Feuchtigkeit freigesetzt, die dazu beiträgt, dass die Brötchen eine wunderbare Farbe und Kruste erhalten. (Es genügt auch, ein Töpfchen mit Wasser in den Backofen zu stellen.) Die Brötchen 15 bis 20 Minuten backen, bis sie goldbraun sind. Auf einem Rost abkühlen lassen.

Colomba pasquale ~ Osterbrot in Taubenform

Ostern ist in Italien ein noch größerer Festtag als Weihnachten. Dieses in Gestalt der Friedenstaube gebackene Brot enthält viele Zutaten, auf die man während der vorangegangenen Fastenzeit verzichtet hatte. Es wird zum Frühstück gegessen, wobei es nicht geschnitten, sondern in Stücke gebrochen und mit einem Espresso serviert wird. Das Rezept geht auf das Jahr 1176 (Schlacht bei Legnano) zurück.

Ergibt 2 »Tauben«

Vorteig
175 ml Milch
20 g frische Hefe
100 g Weizenmehl (Type 405 oder 550)

Teig
3 große Eier von freilaufenden Hühnern
1 Eigelb
100 g Kristallzucker
100 g ungesalzene Butter
1/2 TL Meersalz
1 TL Vanilleextrakt
1 TL abgeriebene Schale einer unbehandelten Orange
350 g Weizenmehl (Type 405 oder 550)
85 g Rosinen
85 g kandierte Orangen, grob gehackt

Zum Garnieren
100 g halbierte geschälte Mandeln
Puderzucker oder Hagelzucker zum Bestäuben

~ Aus dem gleichen Teig wird auch das berühmte italienische Weihnachtsbrot, der *panettone* hergestellt werden. Wer mag, kann die Rosinen weglassen und dafür die doppelte Menge kandierte gehackte Orangen verwenden.

1 Für den Vorteig: Milch schonend erhitzen, bis sie lauwarm ist, von der Kochstelle nehmen und die Hefe hineinbröckeln. Umrühren, anschließend mit Cellophan bedecken und 30 Minuten gehen lassen.

2 Für die Zubereitung des Teigs die Eier mit Eigelb und Zucker verrühren. Butter schmelzen, abkühlen lassen und dann unterrühren. Danach Salz, Vanille und Orangenschale einrühren und schließlich das Mehl zugeben.

3 Den Vorteig per Hand oder mit einem Mixer etwa 2 Minuten lang in die Teigmasse rühren, bis ein glatter Teig entsteht. Anschließend die Rosinen und die kandierten Orangen zugeben. Den Teig in eine mit Butter eingefettete Schüssel legen, mit Cellophan bedecken und 2 Stunden gehen lassen, bis sich sein Volumen verdoppelt hat.

4 Die Luftblasen aus dem Teig schlagen, damit er in sich zusammenfällt. Auf einer leicht bemehlten Arbeitsfläche in vier gleich große Stücke teilen und jedem eine zylindrische, leicht angewinkelte Form verleihen. Jeweils zwei im rechten Winkel übereinander legen, so dass Sie eine »Taube« erhalten – einen Körper mit ausgebreiteten Flügeln. Zwei Rosinen als Augen verwenden.

5 Jede Taube auf ein mit Backpapier belegtes Blech legen, lose abdecken und den Teig bei Zimmertemperatur erneut etwa 1 Stunde gehen lassen, bis sich das Volumen verdoppelt.

6 Elektrobackofen auf 190 °C vorheizen. Gasherd Stufe 2–3.

7 Die Tauben mit den Mandeln spicken – sie stellen die Federn dar; ich stecke sie meist in die Flügelspitzen – und anschließend im vorgeheizten Ofen etwa 20 Minuten backen, bis sie von goldbrauner Farbe und fester Konsistenz sind. Auf einem Rost abkühlen lassen, mit Puder- oder Hagelzucker bestäuben.

Pane di miele ~ Honigbrot

Miele, Honig, wird seit Urzeiten in der Küche verwendet. Die alten Ägypter, die Griechen und Römer nutzten ihn zum Süßen und Konservieren. Apicius, der berühmte römische Gourmet, spricht davon, dass Gemüse, Kräuter und Obst durch Einlegen in eine Honig-Essig-Mischung haltbar gemacht werden können. Honig wurde auch für Brotrezepte und den so genannten »Honigkuchen« verwendet – allerdings nicht zum Süßen, sondern damit er länger frisch blieb.

Ergibt 1 Laib

125 ml Wasser, handwarm
15 g frische Hefe
250 ml warme Vollmilch
175 ml plus 3 zusätzliche EL klarer flüssiger Honig
2 EL geschmolzene, ungesalzene Butter, ausgekühlt
2 EL natives Olivenöl extra
1 großes Ei von freilaufenden Hühnern
1 EL Meersalz
2 EL Anissamen
1 EL abgeriebene Schale einer unbehandelten Zitrone
600 g Weizenmehl (Type 405 oder 550)
55 g Rosinen
55 g Walnüsse
55 g Trockenpflaumen, entsteint und klein gehackt

~ Experimentieren Sie mit verschiedenen Honigarten. Ich zum Beispiel liebe Kastanienblüten- und Thymianhonig. Und wenn Sie an Heuschnupfen oder Allergien leiden, sollten Sie den Honig der jeweiligen Gegend verzehren; dadurch schwächen sich die allergischen Symptome ab.

1 Wasser in eine große Schüssel geben, Hefe hineinbröckeln und verrühren, bis sie sich auflöst. 10 Minuten stehen lassen, bis sie breiig wird.

2 Milch, 175 ml Honig, Butter, Olivenöl, Ei, Salz, Anissamen und Zitronenschale dazugeben und gründlich einrühren.

3 Mehl zugeben und kneten, bis eine Teigkugel entsteht. Falls notwendig, mehr Mehl zufügen, damit der Teig nicht mehr klebt. Weitere 10 Minuten kräftig walken, damit der Teig glatt, weich und elastisch wird. In eine Schüssel geben und zugedeckt 1 1/2 Stunden gehen lassen, bis sich sein Volumen verdoppelt hat.

4 Rosinen, Walnüsse und Pflaumen in einer kleinen Schale miteinander vermengen.

5 Die Luftblasen aus dem Teig schlagen und ihn anschließend auf einer bemehlten Arbeitsfläche 2 bis 3 Minuten kneten. Zu einer runden Platte von 40 cm Durchmesser ausrollen. Die Oberfläche mit 2 Esslöffel Honig einpinseln und mit etwa drei Viertel der Obst-Nuss-Füllung bestreuen.

6 Den Teig aufrollen, so dass Sie einen 40 cm langen und etwa 7,5 cm dicken Strudel erhalten. Die Enden verschließen, damit der Honig nicht ausfließen kann. Die Rolle auf ein leicht eingefettetes Backblech legen und zugedeckt 30 Minuten gehen lassen.

7 Elektrobackofen auf 200 °C vorheizen. Gasherd Stufe 2–3.

8 Das Brot in 30 Minuten goldbraun backen. Auf einen Rost legen und mit einem Pinsel den restlichen Honig auftragen. Mit den Nüssen und dem Obst bestreuen. Ganz abkühlen lassen, bevor Sie das Honigbrot verzehren.

Pane di spinaci della nonna ~ GROSSMUTTERS SPINATBROT

Die Italiener essen viel Brot und lieben Gemüse – in diesem Rezept sind beide in einem Gericht vereint. Man verzehrt es als nahrhafte Mahlzeit auf dem Feld während der Ernte, es eignet sich hervorragend für Picknicks, und es hält sich sehr gut.

ERGIBT 1 LAIB

15 g frische Hefe
500 ml Wasser, handwarm
350 g Weizenmehl (Type 405 oder 550)
200 g Hartweizengrieß
2 TL Meersalz
450 g frischer Spinat
2 EL natives Olivenöl extra
1 geschälte, fein gehackte Knoblauchzehe
2 EL schwarze Oliven, entsteint und fein gehackt
frisch gemahlener schwarzer Pfeffer
1 großes Ei von frei laufenden Hühnern, mit 2 TL Wasser verquirlt
eine Handvoll Sesamsamen

1 Hefe in einer großen Schüssel in einem Viertel des Wassers auflösen. Abgedeckt 10 Minuten stehen lassen, bis sie breiig wird.

2 Restliches Wasser zugeben und gut verrühren. Mit dem Salz löffelweise das Mehl und den Grieß zugeben, vermischen und alles mit den Händen zu einer Teigkugel kneten.

3 10 Minuten kräftig walken, anschließend in eine leicht eingeölte Schüssel legen, abdecken und 1 1/2 Stunden gehen lassen, bis sich das Volumen des Teigs verdoppelt hat.

4 In der Zwischenzeit die Füllung zubereiten. Den Spinat gründlich waschen und abgießen, dabei die harten Stängel entfernen. Die Blätter ohne zusätzliches Wasser in einen Topf geben, zudecken und bei mittlerer Hitze dünsten, bis die Blätter zusammenfallen. Abgießen und abkühlen lassen, daraufhin das restliche Wasser aus den Blättern pressen und diese fein hacken.

5 Olivenöl in einer Pfanne erhitzen und den Knoblauch glasig andünsten. Den gehackten Spinat zugeben und 2 bis 3 Minuten dünsten, anschließend die Oliven und etwas Pfeffer hinzufügen. Von der Kochstelle nehmen und vollständig abkühlen lassen.

6 Die Luftblasen aus dem aufgegangenen Teig herausschlagen und ihn dann auf der Arbeitsfläche zu einer runden Platte von 40 cm Durchmesser ausrollen. Auf ein eingefettetes Backblech legen und die Spinatfüllung darauf geben; einen etwa 2 1/2 cm breiten Rand frei lassen.

7 Den Teig zusammenrollen und beide Enden gut verschließen. Auf der Oberseite mit einem Messer etwa 1 cm tief einschneiden. Mit dem verquirlten Ei bestreichen und den Sesam darüber streuen. Abdecken und 30 Minuten lang gehen lassen.

8 Elektrobackofen auf 200 °C vorheizen. Gasherd Stufe 2–3.

9 Das Brot in 35 Minuten goldbraun backen. Auf einem Rost abkühlen lassen. In diagonale Scheiben schneiden, damit die Füllung sichtbar wird.

~ Die Zutaten für die Füllung können natürlich beliebig verändert werden. Spinat findet sich traditionell in Neapel und seiner Umgebung, Sie können aber auch Käse oder gekochtes Gemüse oder beides verwenden.

Torta al testo ~ Topfbrot

Der Name für dieses uralte Bauernbrot, *testo*, zu Deutsch Topf, leitet sich aus seinem flachen, runden Aussehen ab. Torta al Testo gibt es ausschließlich in Umbrien und dort auch meist nur *a casa*, zu Hause.

Ergibt 8 Brote

315 ml Wasser, handwarm
15 g frische Hefe
500 g Weizenmehl (Type 405oder 550)
1 1/2 TL Meersalz
1 EL Olivenöl

Für die Füllung

250 g Fontina-Käse in Scheiben geschnitten
125 g Rucola, geputzt und eventuell etwas zerkleinert
Meersalz und frisch gemahlener schwarzer Pfeffer

1 Die Hefe in etwas Wasser auflösen. 5 Minuten stehen lassen, anschließend umrühren. Mehl und Salz in eine große Schüssel geben, eine Mulde formen und die Hefe und das Olivenöl hineingeben. Gut verrühren, das restliche Wasser zugeben und alles zu einem festen, feuchten Teig kneten.

2 Den Teig auf einer leicht bemehlten Arbeitsfläche etwa 10 Minuten kräftig walken, bis er glatt, glänzend und elastisch wird.

3 Die Teigkugel in eine saubere Schüssel geben und mit einem Küchentuch abdecken. Etwa 30 Minuten gehen lassen, bis sich ihr Volumen verdoppelt hat. Luftblasen herausschlagen und weitere 10 Minuten gehen lassen.

4 Den Teig in acht Stücke aufteilen. Jedes Stück auf einer leicht mit Mehl bestäubten Fläche zu einem etwa 5 mm dicken runden Fladen von 20 cm Durchmesser ausrollen. Sollte sich der Teig nur schwer ausrollen lassen, einfach kurz ruhen lassen (oder Klarsichtfolie dazwischen legen).

5 Eine schwere Bratpfanne oder einen gusseisernen Topf langsam in etwa 10 Minuten erhitzen.

6 Die Teigfladen nacheinander in die sehr heiße Pfanne (Topf) geben, die Oberfläche mit einer Gabel einstechen, damit sich keine Luftblasen bilden können, und auf beiden Seiten goldbraun backen. Dabei häufig umdrehen, damit der Teig gleichmäßig durch ist und nicht anbrennt.

7 Die fertigen Teigfladen aufeinander stapeln und mit einem Küchentuch abdecken, damit sie weich bleiben. Nach dem Abkühlen mit einem scharfen Messer an der Kante einschneiden und halbieren. Eine der Hälften mit dem Käse und dem Rucola belegen und mit Salz und Pfeffer würzen.

8 Beide Hälften jeweils wieder zusammenfügen, auf zwei Backbleche verteilen und in einem auf 200 °C vorgeheizten Elektrobackofen (Gasherd Stufe 2–3) backen, bis der Käse schmilzt. In Keile schneiden und warm servieren.

Schiacciata di uva ~ Fladenbrot mit frischen Trauben

In Italien wird das süße Fladenbrot zur Feier der im Oktober stattfindenden Traubenernte zubereitet. Statt der roten können Sie auch weiße Trauben verwenden.

Ergibt 1 grosses Kuchenbrot

Vorteig

15 g frische Hefe oder
1/2 TL Trockenhefe
150 ml Wasser, handwarm
125 g Weizenmehl (Type 405 oder 550)

Teig

3 EL Kristallzucker
15 g frische Hefe
175 ml Wasser
375 g Weizenmehl (Type 405 oder 550)
1 1/2 TL Meersalz
3 EL natives Olivenöl extra

Füllung und Belag

200 g Rosinen
1 Glas *vin santo* aus der Toskana oder süßer Weißwein
450 g kernlose rote Trauben
3 EL brauner Rohrzucker
1 Handvoll Fenchelsamen zum Überstreuen

1 Für den Vorteig: Hefe in Wasser bröckeln, umrühren, bis sie sich auflöst, und 5 Minuten stehen lassen.

2 Mehl zugeben und einkneten; abdecken und dann bei Zimmertemperatur zwischen 12 bis 36 Stunden gehen lassen, bis sich eine lockere, blasige Masse gebildet hat.

3 Für den Teig: Hefe in 100 ml Wasser bröckeln und umrühren, damit sie sich auflöst.

4 Mehl und Meersalz in einer großen Schüssel verrühren und Zucker zugeben. Eine Mulde ins Mehl drücken und die Hefe, das Olivenöl und den Vorteig hineingeben. Verrühren, das restliche Wasser dazugießen und alles zu einem weichen, klebrigen Teig kneten. Falls nötig, noch zusätzliches Wasser zugeben.

5 Die Masse auf einer leicht bemehlten Arbeitsfläche 10 Minuten kräftig walken, bis der Teig glatt und geschmeidig ist.

6 Teig in eine leicht eingeölte Schüssel geben und mit einem Küchentuch abdecken. 1 1/2 bis 2 Stunden gehen lassen, bis sich sein Volumen verdoppelt. Dem Teig einen Schlag versetzen, damit er wieder etwas in sich zusammenfällt, dann 5 Minuten drehen (siehe Seite 180) und anschließend 10 Minuten ruhen lassen.

7 Den Teig in zwei gleich große Stücke teilen. Auf einer leicht bemehlten Arbeitsfläche jeweils zu einer runden Fläche von 24 cm Durchmesser ausrollen. Eine der beiden Teigfladen auf ein leicht eingeöltes Backblech legen.

8 Für die Füllung: Rosinen mindestens 2 Stunden, besser über Nacht in den Wein einlegen. Gründlich abgießen. Die Rosinen gleichmäßig auf einem Teigfladen verteilen, mit dem anderen Fladen bedecken und an den Rändern festdrücken.

9 Mit einem Küchentuch abdecken und etwa 30 Minuten gehen lassen, bis sich das Teigvolumen verdoppelt hat. Den Elektrobackofen auf 200 °C vorheizen. Gasherd Stufe 2–3.

10 Die frischen Trauben in die Teigoberfläche drücken und mit Rohrzucker und Fenchelsamen bestreuen. Im vorgeheizten Ofen etwa 45 Minuten goldbraun backen. Auf einem Rost abkühlen lassen.

FRUTTA E NOCI

Wie in den meisten italienischen Familien wird auch bei uns zu Hause das frisch vom Baum oder der Rebe gepflückte Obst am Ende einer Mahlzeit verzehrt. Diese überaus gesunde Angewohnheit wird jeder verstehen, der weiß, wie gut frisch gepflücktes Obst schmeckt. In den Mittelmeerländern reift es unter der südlichen Sonne heran, wächst auf guten Böden und wird von Bauern kultiviert, die seit Generationen in enger Beziehung zu ihrem Land leben. Die meisten Obstsorten enthalten viele Vitamine und Mineralien.

Nach den Wintermonaten, in denen man nur Äpfel, Birnen und konserviertes Obst zu essen bekommt – Früchte werden seit jeher gedörrt oder eingemacht –, freut man sich auf die ersten frischen Kirschen, denen bald die saftigen sonnengereiften Pfirsiche, Aprikosen und Feigen folgen. Auf meinen Reisen kreuz und quer durch Italien erlebte ich immer wieder, wie sehr das Obst die Landschaft prägt. Apfelwiesen und Pfirsichgärten wechseln sich mit Zitronen- und Orangenhainen ab, in denen sich die hell schillernden Früchte von den dunkelgrünen Blättern abheben. Obst wird frisch auf dem Markt gekauft, wenn man es nicht selbst zu Hause im Garten anbaut, und es wird täglich gegessen. Sehr gern erinnere ich mich an meinen Großvater, der stets am Kopfende des Tisches saß und für mich und meine Schwestern Obst schälte, das er uns direkt in unsere kleinen Mäuler schob.

Nüsse und Mandeln spielen ebenfalls eine wichtige Rolle auf dem italienischen Speisezettel. Sie enthalten viel Energie in Form von Eiweiß und Fett und besitzen einen hohen Nährstoffanteil, vor allem das Provitamin A, Vitamine der B-Gruppe, C und E sowie die Mineralien Kalium, Calcium, Phosphor, Eisen und Magnesium. Man verzehrt sie gern frisch im Herbst und Winter, es gibt aber auch zahlreiche Rezepte, in denen man sie das gesamte Jahr über verwenden kann. Nüsse halten sich im Normalfall ein Jahr lang, von einer Ernte bis zur nächsten, geschält aber werden sie schnell schlecht, beginnen zu oxydieren, und ihre Öle werden ranzig. Bewahren Sie vor allem geschälte Nüsse daher an einem kühlen, dunklen Ort auf. Kaufen Sie Nüsse von Händlern, denen Sie vertrauen, und verbrauchen Sie sie so schnell wie möglich.

Die Obst- und Nussernte wird in Italien mit vielen Festen begangen. Auf Sizilien feiert man im Februar die Mandelbaumblüte. In anderen Gegenden begrüßt man im Juni die ersten Kirschen (Kirschenfest in Marostica/Venetien und Vignola/Emilia Romagna), und im Norden des Landes röstet man im Herbst zur Zeit der Maroniernte die Kastanien in der Glut großer Feuer. Jede Region besitzt zahlreiche Rezepte, die vom Reichtum und der Qualität ihres Obstes und ihrer Nüsse künden. Ich habe hier eine interessante Auswahl zusammengestellt. Es handelt sich dabei durchweg um Süßspeisen (auch wenn insbesondere Nüsse für pikante Gerichte verwendet werden – man denke nur an die Pinienkerne im Pesto, Maroni in Gemüseaufläufen und Walnüsse in Pastasaucen). Viele der hier vorgestellten Rezepte sind für *biscotti*, süße Teilchen, die in Italien nicht als mittägliches oder abendliches Dessert verzehrt, sondern morgens und nachmittags als köstliche Beilage zum Caffè genossen werden.

Fichi secchi in vino ~ Getrocknete Feigen in Wein

Zu den besten Obstdesserts zählt sicherlich eine Schale mit frischen Feigen. Ich serviere sie immer mit einem Schlag Mascarpone. Sollten keine frischen Feigen verfügbar sein, können Sie auf dieses alte Familienrezept zurückgreifen, bei dem getrocknete Feigen verwendet werden.

4 Portionen

1 TL Butter
12 große getrocknete Feigen
100 g frische Walnüsse, geschält und klein gehackt
125 ml trockener Rotwein
4 EL klarer flüssiger Honig
1 EL abgeriebene Schale einer unbehandelten Orange
evtl. 1 halbierte Zimtstange nach Geschmack

1 Elektrobackofen auf 180 °C vorheizen. Gasherd Stufe 2–3. Eine tiefe runde Auflaufform mit 15 cm Durchmesser mit der Butter einfetten.

2 Jede Feige am Stielende mit den Fingern aufbrechen, so dass eine kleine Öffnung entsteht. Die Walnussstückchen in die Öffnung schieben. Anschließend die Feigen mit der gefüllten Seite nach oben in die Form schlichten.

3 Rotwein und Honig in einem kleinen Topf zusammen erhitzen und so lange umrühren, bis sich der Honig auflöst. Die Wein-Honig-Mischung über die Feigen gießen und die Orangenschale darüber streuen, Zimt nach Geschmack zugeben. Die Auflaufform mit einem Deckel oder einer Aluminiumfolie dicht verschließen und im vorgeheizten Ofen 30 Minuten backen.

4 Die Feigen in der Form auf Zimmertemperatur abkühlen lassen. Zum Servieren geben Sie 3 Feigen auf einen Teller und gießen ein wenig Weinsauce darüber. Wenn Sie wollen, können Sie noch Mascarpone dazu reichen.

~ Kaufen Sie getrocknete Feigen, die frei sind von Konservierungsmitteln. Viele Trockenfrüchte werden mit einer Schwefelverbindung behandelt, wodurch die Früchte haltbarer und weicher werden. Allerdings kann dies zu allergischen Reaktionen führen.
Achten Sie beim Kauf von frischen Feigen darauf, dass sie reif sind. Riechen Sie an den Früchten: Sie sollten sehr, sehr süß und ein wenig nach Honig duften. Und wenn Sie vorsichtig drücken, sollte die Schale sofort aufspringen. Die Farbe der Früchte ist von der jeweiligen Sorte abhängig.

Torrone di sesamo ~ Weisser Nougat

Torrone erfreut sich in Italien das ganze Jahr über großer Beliebtheit, vor allem aber an Festtagen wie Weihnachten, Neujahr oder dem Carnevale.

Ergibt etwa 12 kleine Quadrate

200 g klarer Honig
55 g Kristallzucker
200 g Sesamsamen
250 g ganze Mandeln, geröstet und klein gehackt
2 TL Mandel- oder Sonnenblumenöl

1 Den Honig schmelzen, Zucker zugeben und langsam zum Kochen bringen. Sesam und Mandeln hineingeben und auf niedriger Hitze ständig umrühren, bis sich die Masse verdickt.

2 Auf ein eingeöltes Backblech gießen und mit einem eingeölten Nudelholz glatt streichen. Ein wenig abkühlen lassen.

3 Mit einem scharfen Messer in kleine Quadrate schneiden und vollständig auskühlen lassen. In einer luftdicht verschlossenen Dose aufbewahren.

Sesam enthält etwa zu 50 Prozent ungesättigte Fettsäuren und zu 20 bis 25 Prozent Proteine. Er ist reich an Vitaminen der B-Gruppe, Vitamin E und Mineralstoffen.

Torroncini ~ Mandelnougat

In Italien gibt es zahlreiche Varianten des Torrone. Vor allem in Sizilien und in den Abruzzen wird die Variante des „harten Nougat" hergestellt. Das Originalrezept verwendet noch steif geschlagenen Eischnee, der unter die Mandel-Nuss-Masse gezogen wird. Die warme Masse wird zwischen zwei Oblaten-Schichten gestrichen und nach dem Erkalten in Streifen geschnitten. Das nachfolgende Rezept stammt aus Sizilien und offenbart einmal mehr den arabischen Einfluss.

Ergibt 18 kleine Rechtecke

500 g Kristallzucker
55 g klarer Honig
250 g Mandeln, geröstet und klein gehackt
250 g Pistazien, geschält und klein gehackt
ein wenig Pflanzenöl

1 Zucker mit Honig in einer Pfanne schmelzen, anschließend die Mandeln und Pistazien zugeben. 5 bis 10 Minuten bei milder Hitze kochen, damit sich die Aromen vermischen können.

2 Auf eine eingeölte Marmorplatte (oder eine kalte, feuerfeste Unterlage) gießen, mit einem Gummischaber auseinander streichen und sofort in Rechtecke von der Größe großer Briefmarken schneiden.

3 Abkühlen lassen und in Wachspapier wickeln. In einer luftdichten Dose aufbewahren.

Je frischer die Nüsse, um so knuspriger und nahrhafter werden die Torroncini. Pistazien besitzen einen einzigartigen Geschmack und bestehen zu etwa 18 Prozent aus Eiweiß und zu 55 Prozent aus ungesättigten Fettsäuren.

Minni di Santa Agatha ~ Gefüllte Plätzchen

Diese halbkugelförmigen Gebäckstücke heißen eigentlich »Minni di Virgini« – Jungfrauenbrüstchen. Sie sind der Märtyrerin Agatha geweiht und werden zu Ostern auch in den Klöstern verkauft.

Ergibt etwa 12 Plätzchen

Plätzchen

225 g Weizenmehl oder italienisches Mehl »Farina bianca 00«
65 g Kristallzucker
100 g ungesalzene Butter, in Flöckchen geschnitten
1 Eivo n frei laufenden Hühnern
1 EL abgeriebene Schale einer unbehandelten Zitrone
1 Msp. Meersalz
Puderzucker und Kakaopulver zum Bestäuben

Füllung

1 EL geschälte, geröstete Haselnüsse
1 EL Orangeat oder Sukkade
25 g Schokolade (Kakaoanteil mindestens 50 Prozent)
225 g Ricotta
55 g Kristallzucker
1 1/2 TL Vanilleextrakt
1 Eigelb von frei laufenden Hühnern

1 Mehl und Zucker mit dem Mixer verrühren, dabei nach und nach die Butter zugeben. Wenn alles gut vermischt ist, die Eier, Zitronenschale und das Salz einrühren. Den Teig auf Backpapier geben, flach streichen, zudecken und im Kühlschrank 30 Minuten kühlen. Wieder auf Zimmertemperatur erwärmen, bevor Sie ihn ausrollen.

2 Für die Füllung: Haselnüsse und Orangeat fein hacken, die Schokolade reiben. Ricotta durch ein Sieb in eine Schale geben. Anschließend Zucker, Vanilleextrakt, Eigelb sowie Orangeat, Haselnüsse und Schokolade unterrühren, bis alles gut vermischt ist.

3 Elektrobackofen auf 180 °C vorheizen. Gasherd Stufe 2–3. Ein großes Backblech einfetten.

4 Den Teig etwa 5 mm dick ausrollen. Mit einer runden, 3 cm großen Ausstechform Teigplätzchen ausstechen. Jeweils 2 Teelöffel Füllung auf ein Plätzchen geben und mit einem zweiten Plätzchen bedecken. Ringsum das Plätzchen gut verschließen. Auf das Backblech legen und mit einer Gabel Furchen in die Oberseite drücken.

5 Im vorgeheizten Ofen 20 Minuten lang goldbraun backen. Auskühlen lassen und mit Puderzucker und Kakaopulver bestreuen.

~ Dieses Rezept könnte als die italienische Version des englischen »Christmas mince pie« gelten. Sicherlich verfügt es über eine eben solche Aromavielfalt und schmeckt einfach köstlich.

Torta di noce ~ Walnusstarte

Zu dieser Tarte schmeckt – auch schon morgens zum Frühstück – vorzüglich ein kleines Glas *Vin santo* (wenn Sie, wie viele Italiener, ein wenig Alkohol zu dieser Stunde genießen möchten), oder eine Tasse Kaffee während der *meranda*, der nachmittäglichen Kaffeepause. Bei diesem Rezept können Sie nichts falsch machen, und es lässt sich vielfältig variieren.

Ergibt 4 bis 6 Portionen
225 g Butter
350 g Mehl »Farina bianca 00«, ersatzweise Mehl Type 405
225 g Kristallzucker
4 große Eigelb
225 g frische Walnusshälften
175 g eingemachte Aprikosen, abgetropft
Puderzucker zum Bestreuen

~ Neben den Walnüssen eignen sich zu diesem Rezept auch Haselnüsse und Mandeln sehr gut. Das vorgestellte Rezept beschreibt die traditionelle Variante in meinem Dorf Minori. Man geht dort in die örtliche *pasticceria*, kauft sich eine kleine, in eine Papierserviette eingeschlagene *torta* und genießt sie mit einem kräftigen Espresso, dessen bitterer Geschmack wunderbar zur süßen Tarte passt.

1 Die in Flöckchen geschnittene Butter mit dem Mehl vermischen, bis sich Streusel bilden. Zucker einrühren, anschließend die Eigelb zugeben und zu einem feuchten, lockeren Teig kneten. In Cellophan einwickeln und für ca. 1 Stunde in den Kühlschrank legen.

2 Vor der Weiterverarbeitung den Teig 1 Stunde lang auf Zimmertemperatur erwärmen. In der Zwischenzeit den Elektrobackofen auf 190 °C vorheizen. Gasherd Stufe 2–3.

3 Walnusshälften auf einem Backblech im vorgeheizten Ofen etwa 7 Minuten rösten, bis sie goldbraun sind. Nach dem Abkühlen grob hacken.

4 Den Teig teilen. Jeweils eine Hälfte zwischen zwei eingemehlte Frischhaltefolien legen und den Teig mit den Fingern zu einer etwa 40 × 30 cm großen Platte ziehen. Eine Teigschicht mit Hilfe der Folie auf ein entsprechendes Backblech gleiten lassen. Folie anschließend herausziehen.

5 Die erste Teigplatte bis zum Rand dick mit den eingemachten Aprikosen belegen, darüber die Hälfte der Walnüsse streuen. Mit der zweiten Teigschicht bedecken und Folie entfernen. Den Rand nicht verschließen.

6 Im vorgeheizten Backofen auf der mittleren Einschiebeleiste 30 Minuten backen, bis die Oberfläche goldbraun ist.

7 Aus dem Ofen nehmen und die Temperatur reduzieren (170 °C/Gas auf Stufe 2). Die übrigen Walnüsse gleichmäßig in die noch weiche Tarte-Oberfläche stecken. Nochmals in den Ofen geben und weitere 10 Minuten backen.

8 In kleine Rechtecke schneiden und abkühlen lassen. Kalt, mit Puderzucker bestreut servieren.

Pan rozzo ~ Mandel-Schokoladenkuchen

Mandel- und Schokoladenliebhaber kommen hier voll und ganz auf ihre Kosten. Das Rezept ist eine Spezialität der kulinarisch eher unbekannten Abruzzi e Molise, einer Gegend an der Ostküste Italiens, die berühmt ist für ihre ausgezeichneten Mandeln.

6 Portionen

- 55 g Mehl »Farina bianca 00« oder Mehl Type 405
- 55 g Speisestärke
- 1 Msp. Zimtpulver
- 4 Eier von frei laufenden Hühnern, Eiweiß und Eigelb getrennt
- 85 g Kristallzucker
- 55 g geriebene Mandeln
- 40 g ungesalzene Butter, geschmolzen
- 2 TL Amaretto di Saronno (Mandellikör)
- 85 g Schokolade, Kakaoanteil mindestens 70 Prozent, in Stücke gebrochen
- 1 EL Wasser

1 Elektrobackofen auf 180 °C vorheizen. Eine runde Springform mit 18 cm Durchmesser einfetten. Gasherd Stufe 2–3.

2 Mehl und Speisestärke mit dem Zimt vermischen. Eigelb und Zucker in einer Schüssel schaumig rühren. Mehl und Mandeln unterrühren, dabei die geschmolzene Butter und den Amaretto zugeben.

3 Das Eiweiß steif schlagen und anschließend vorsichtig unter den Teig heben. In die vorbereitete Kuchenform geben und die Oberfläche glatt streichen.

4 Etwa 1 Stunde lang backen, bis der Kuchen aufgeht. Auf einem Rost abkühlen lassen, dann aus der Form nehmen.

5 Die Schokolade im Wasserbad schmelzen. Über den Kuchen gießen, bis er vollständig bedeckt ist. Schokolade hart werden lassen, bevor Sie ihn servieren.

Speisestärke lässt den Kuchen wunderbar leicht und zart werden. Es besteht aus reiner Stärke, die sich absetzt, wenn man Kartoffeln in Wasser reibt. Neben Kartoffelstärke eignen sich auch Mais- und Tapiokastärke zum Kuchenbacken.

Zuccotto ~ »Kleiner Kürbis« – Toskanische Biskuitbombe

Dieses traditionelle toskanische Rezept wird immer streifenförmig mit Puderzucker und Kakao bestreut. Für die Zubereitung ist ein *pan di spagna*, ein italienischer Biskuitteig nötig. Der Name leitet sich, wie unschwer zu erkennen ist, von der Gestalt des Kuchens ab.

8 Portionen

Biskuit

Butter und Mehl zum Einfetten und Bestäuben
6 Eier von frei laufenden Hühnern, Eiweiß und Eigelb getrennt
150 g Puderzucker, durchgesiebt
1 TL klarer Honig
1 TL Vanilleextrakt
85 g Speisestärke

Füllung

85 g geschälte Mandeln, geröstet und klein gehackt
85 g geschälte Haselnüsse, geröstet und klein gehackt
300 g Schokolade, die Hälfte davon in Stücke gebrochen, die andere Hälfte geschmolzen
1 l Schlagsahne, steif geschlagen

Garnitur

jeweils 3 EL Rum, Weinbrand und Kirschlikör
jeweils 2 EL Puderzucker und Kakaopulver, durchgesiebt

Eine einfachere Zubereitung der Toskanischen Biskuitbombe sieht vor, den Biskuitboden auf einem Kuchenblech zu backen und den abgekühlten Boden in Streifen geschnitten in die Form zu legen. Die Streifen werden mit Alchermes, dem bekannten Likör aus der Toskana, beträufelt. Die weitere Fertigstellung erfolgt nach dem obigen Rezept.

1 Eine Springform mit 25 cm Durchmesser einfetten und mit Mehl bestäuben. Elektrobackofen auf 190 °C vorheizen. Gasherd Stufe 2–3.

2 Eigelb mit Puderzucker, Honig und Vanille in eine Schüssel geben und mit einem Schneebesen schaumig rühren. Eiweiß steif schlagen und unter die Eigelbmasse heben. Anschließend das Mehl und die Speisestärke in die Masse sieben und vorsichtig unterheben.

3 In die vorbereitete Springform füllen und 40 Minuten backen. Aus dem Ofen nehmen, Springform lösen und den Kuchen auf einem Rost abkühlen lassen.

4 Für die Füllung: Mandeln, Haselnüsse und die Schokoladenstückchen unter die steif geschlagene Sahne ziehen. Die Masse halbieren und die geschmolzene Schokolade in eine der beiden Hälften rühren. Kaltstellen.

5 Nachdem der Biskuitboden abgekühlt ist, die obere Kruste wegschneiden und den Kuchen horizontal durchschneiden. Eine Hälfte für die nächste Zubereitung dieses Rezepts aufbewahren.

6 Die andere Hälfte mit dem Alkohol beträufeln, bis der Boden weich und geschmeidig ist. Dann in eine etwa 1,1 Liter fassende große Pudding-Schale geben und vorsichtig in die Form drücken. Noch besser eignet sich eine Kuppelform, die gut eingefettet werden sollte.

7 Erst die eine, dann die andere Cremefüllung hineingeben und oben glatt streichen. Etwa drei Stunden kühl stellen.

8 Die Biskuitbombe auf eine Servierplatte stürzen und abwechselnd mit Puderzucker und Kakao bestäuben.

Fiorentini ~ Florentiner

Von dieser köstlichen, luxuriösen Nascherei gibt es viele Variationen. Trotz des italienischen Namens stammt sie - vermutlich - ursprünglich aus Österreich.

Für 1 Springform
150 g blanchierte ganze Mandeln
150 g blanchierte ganze Haselnüsse
225 g rote Belegkirschen
100 g kandierte Früchte (z.B. Melone, Zitrone, Orange)
55 g Weizenmehl
1/2 TL Piment
1/2 TL frisch abgeriebene Muskatnuss
100 g Kristallzucker
100 g klarer Honig
100 g Schokolade, bitter oder Vollmilch, nach Geschmack

1 Elektrobackofen auf 180 °C vorheizen. Eine Springform von 23 cm Durchmesser einfetten. Gasherd Stufe 2–3.

2 Mandeln und Haselnüsse auf einem Backblech im Ofen 10 Minuten rösten. In eine Rührschüssel geben und abkühlen lassen.

3 Belegkirschen waschen, alle Früchte klein hacken und zu den Nüssen geben. Mehl in die Nüsse und Früchte sieben, Piment und Muskatnuss zugeben und alles gut verrühren.

4 Zucker und Honig in einem Topf bei niedriger Hitze erwärmen, bis sich der Zucker aufgelöst hat. Unter die Früchte und Nüsse rühren.

5 Die Masse in die vorbereitete Springform geben und oben glatt streichen. Im Ofen 25 Minuten backen, dann in der Form abkühlen lassen.

6 Schokolade in kleine Stücke brechen und im Wasserbad schmelzen. Gleichmäßig über die Florentinermasse gießen. Vor dem Servieren in nicht zu große Stücke schneiden.

Kaufen Sie kandierte Früchte lieber im Ganzen als in kleinen einzelnen Stücken. In Italien sind sie eine echte Delikatesse. Man kann die Florentinermasse auch in kleinen Häufchen auf ein Blech setzen, ca. 10 Minuten backen und nach dem Erkalten die Unterseite mit der geschmolzenen Schokolade dünn bestreichen.

Torta alle susine e nocciole ~

Warmer Pflaumen-Haselnuss-Kuchen

Durch die frischen Pflaumen, die in Italien etwa Mitte September reif sind, wird dieser Kuchen wunderbar saftig. Er sollte am besten warm und mit einem Schlag Crème fraîche oder Crème double verzehrt werden. Bei uns kann man Zwetsch(g)en verwenden.

6 Portionen

450 g reife Pflaumen oder Zwetschgen
100 g ungesalzene Butter
85 g brauner Zucker
2 große Eier von frei laufenden Hühnern
225 g Weizenmehl
1 TL Backpulver
55 g gehackte Haselnüsse
Puderzucker zum Bestäuben

1 Elektrobackofen auf 190 °C vorheizen. Gasherd Stufe 2–3. Eine Kuchenform von 20 cm Durchmesser einfetten.

2 Pflaumen oder Zwetschgen entsteinen und vierteln.

3 Butter und Zucker zu einer lockeren Masse verrühren. Dann nacheinander die beiden Eier dazugeben und das mit Backpulver vermischte Mehl unterrühren.

4 Vorsichtig die Pflaumen unterheben und die Masse in die vorbereitete Form geben. Mit den Haselnüssen bestreuen und in 45 bis 50 Minuten goldbraun backen. Die Oberfläche muss sich fest anfühlen.

5 In der Form etwas abkühlen lassen. Noch warm servieren und mit gesiebten Puderzucker bestreuen.

~ Statt der Pflaumen können Sie auch andere Obstsorten wie Birnen, Äpfel oder Aprikosen verwenden. Aber nehmen Sie nur reife Früchte, die ihren vollen Geschmack entfalten.

Torta di ciliegia ~ Kirschkuchen

Dieses Rezept zur Feier der Kirschernte im Mai und Juni stammt von meiner wunderbaren Freundin in Verona. Wenn man Kirschen ernten will, muss man schnell sein, sonst holen sie sich die Vögel. Die besten Kirschen, sagt man, kommen aus der Gegend um Ravenna (aber in anderen Gegenden gibt es auch hervorragende Sorten!). Auf den dortigen Märkten werden Kirschen nach ihrer Herkunft und ihrem Reifegrad - vollreif, reif, fast reif etc. - angeboten.

Ergibt 6 Portionen

100 g ungesalzene Butter, auf Zimmertemperatur erwärmt
150 g Kristallzucker
4 Eier von frei laufenden Hühnern, Eigelb und Eiweiß getrennt
200 g Mehl »Farina bianca 00« oder Mehl Type 405
1 TL Backpulver
1 TL Brandy oder Weinbrand
1 Msp. Meersalz
675 g frische Kirschen, gewaschen und entsteint
Puderzucker zum Bestäuben

1 Elektrobackofen auf 180 °C vorheizen. Eine Springform von 20 cm Durchmesser einfetten. Gasherd Stufe 2–3.

2 Butter und Zucker zu einer lockeren Masse verrühren. Eigelb mit ein wenig Mehl verquirlen. Mehl und Backpulver in die Butter-Zucker-Masse sieben und zusammen mit dem Weinbrand und dem Eigelb vorsichtig unterrühren.

3 Eiweiß mit Salz steif schlagen. 3 Teelöffel des steifen Eiklar in die Teigmasse rühren. Das restliche Eiweiß löffelweise unterheben und alles in die vorbereitete Form geben.

4 Kirschen über den Teig streuen und leicht festdrücken. 35 bis 40 Minuten backen, bis der Kuchen aufgegangen und von fester Konsistenz ist.

5 In der Springform abkühlen lassen, anschließend herausnehmen und auf einen Rost stellen. Mit Puderzucker bestäuben.

Es gibt spezielle Kirschenentsteiner, mit denen Sie auch Olivenkerne herauslösen können.

Torta di pesche secche e limone ~ Pfirsich-Zitronen-Torte

Pfirsich und Zitrone ergänzen sich wunderbar in diesem Rezept, das von meiner Tante aus Minori stammt. Im August, wenn die Pfirsiche reifen, schneidet sie die Früchte in der Mitte durch, entfernt die Kerne und legt die Hälften dann auf einem Brett in die Sonne, nur bedeckt von einem Tuch, um die Fliegen fernzuhalten. Die Sonne ist zu dieser Jahreszeit, besonders mittags, so stark, dass die Pfirsiche manchmal in drei Stunden gedörrt sind.

Ergibt 8 Portionen

Teig

225 g Mehl »Farina bianca 00« oder Mehl Type 405
85 g Puderzucker
125 g ungesalzene Butter
1 großes Ei von frei laufenden Hühnern
1 Msp. Meersalz
einige Tropfen Vanilleextrakt
abgeriebene Schale 1 unbehandelten Zitrone

Füllung

225 g gedörrte Pfirsiche
3 EL Wasser
Saft und abgeriebene Schale von 4 unbehandelten Zitronen
125 g ungesalzene Butter
1 EL Kristallzucker
4 Eier von frei laufenden Hühnern, leicht verschlagen

~ Dörrobst ist intensiver im Geschmack als frisches Obst, sein Nährstoffgehalt verdoppelt sich relativ zu seinem Gewicht. Natürlich erhöht sich durch das Dörren auch die Zuckerkonzentration.

1 Mehl und Puderzucker in eine Schüssel sieben, mit der Butter verrühren, bis der Teig bröselig ist. In der Mitte eine Mulde formen und das Ei, Salz, Vanille und Zitronenschale hineingeben. Langsam zu einem glatten Teig kneten. In Frischhaltefolie einpacken und die Masse 30 Minuten in den Kühlschrank legen, bevor Sie den Teig weiter verarbeiten.

2 Elektrobackofen auf 200 °C vorheizen.
Gasherd Stufe 2–3.

3 In der Zwischenzeit die gedörrten Pfirsiche in einem mit Wasser gefüllten Topf etwa 20 Minuten kochen, bis sie weich werden. Abgießen und anschließend pürieren.

4 Für die Füllung: Im Wasserbad Zitronensaft und Zitronenschale, Butter und Zucker auflösen. Mit einem Holzlöffel verrühren, bis die Butter schmilzt. Die Eier einrühren und bei milder Hitze sanft kochen, bis die Füllung eindickt. Darauf achten, dass die Masse nicht gerinnt. Aus dem Wasserbad nehmen und abkühlen lassen.

5 Teig ausrollen, so dass er den Boden und die Seiten einer Springform mit 23 cm Durchmesser bedeckt. Im vorgeheizten Ofen 10 Minuten lang blindbacken, bis der Teig goldbraun ist (den Teig mit Backpapier ausschlagen und das Innere mit Hülsenfrüchten auffüllen).

6 Bohnen und Backpapier entfernen und den Teig mit der Zitronenmasse füllen. Oberfläche glatt streichen und die pürierten Pfirsiche darüber geben.

7 Eine Stunde kühlen. Nach Geschmack mit Schlagsahne servieren.

Buitoni

Brutti ma buoni ~ »Schlecht aber gut« – Nussmeringen

In Italien wird viel Kleingebäck, vor allem nach der Mittagspause, verzehrt, um den Energievorrat wieder aufzufüllen. Dieses traditionelle Rezept aus Sizilien hat viele Namen: *Belli e brutti* – Schöne und Hässliche, oder auch *Brutti e buoni* – Hässliche und Gute. Damit die Meringen-/Baisermasse gut gelingt, unbedingt darauf achten, dass alle Gefäße völlig fettfrei sind und dass das Eiweiß keinerlei Spur von Eigelb enthält.

Ergibt etwa 18 Stück

4 Eiweiß
1 Prise Salz
55 g Vanillezucker und 75 g Kristallzucker
180 g geröstete gehackte Mandeln oder gemahlene Mandeln
150 g geröstete gehackte Haselnüsse
das Mark von 1 Vanilleschote

Nach Belieben

1 Prise Zimt und abgeriebene Schale von 1/2 unbehandelten Orange

1 Elektrobackofen auf 120 °C/Gas auf Stufe 1 vorheizen. Ein Backblech mit Backpapier belegen.

2 Eiweiß mit Salz und einem Drittel des Zuckers steif schlagen, das 2. Drittel nach und nach zugeben und das letzte Drittel mit einem Kochlöffel unterheben. Niemals den Zucker auf einmal hinzufügen, da sonst das Eiweiß zusammenfallen kann.

3 Gehackte Mandeln und Nüsse sowie die Vanille vorsichtig unter die Meringen-Masse heben.

4 Für jede Meringe etwa 2 Teelöffel der Eiweißmasse auf das Backblech geben. Im vorgeheizten Ofen 1 1/2 Stunden mehr trocknen als backen. Die Plätzchen sollen außen knusperig, aber innen noch weich sein.

5 Auskühlen lassen, anschließend verpacken oder in einem luftdicht verschlossenen Behälter aufbewahren.

~ Schaumgebäck sollte im mäßig warmen Backofen mehr getrocknet als gebacken werden. Gute Ergebnisse erziehlt man auch bei 80 °C; dann bleiben die Meringen allerdings mehrere Stunden im Backofen(einen Kochlöffel zwischen Herd und Backofentür klemmen!). Vanillezucker lässt sich leicht selbst herstellen, wenn Sie eine aufgeschlitzte Vanilleschote in den Zuckerbehälter geben. Ich raue die Außenseite der Schote immer noch zusätzlich auf, damit so viele Aromastoffe wie möglich freigesetzt werden können.

Torta di mascarpone ~ Mascarpone-Käsekuchen

Dieses leicht zuzubereitende Dessert kann mit frischen Erdbeeren oder Himbeeren serviert werden.

6–8 Portionen
85 g Süßrahmbutter
75 g Amaretti
400 g Mascarpone
abgeriebene Schale von 3 unbehandelten Zitronen
Saft von 1 Zitrone
100 g Kristallzucker
2 Eier von frei laufenden Hühnern, Eigelb und Eiweiß getrennt
2 EL Maismehl
1 Msp. Salz

~ Statt Mascarpone können Sie für diesen Kuchen auch Ricotta verwenden.

1 Elektrobackofen auf 180 °C vorheizen.
Gasherd Stufe 2–3.

2 Eine Springform von 20 cm Durchmesser einfetten.

3 Butter schmelzen. Amaretti zerbröckeln und unter die geschmolzene Butter rühren. Damit den Boden der eingefetteten Form belegen.

4 Mascarpone, Zitronenschale und Zitronensaft, Zucker und Eigelb in eine Schüssel geben und mit einem Holzlöffel verrühren. Maismehl darüber streuen und unterheben.

5 In einer zweiten Schale das Eiweiß mit dem Salz steif schlagen. Vorsichtig unter die Käsemasse heben. Die Masse anschließend in die Kuchenform geben und den oberen Rand glatt streichen.

6 Im Ofen 35 Minuten backen. Der Kuchen muss sich fest anfühlen. In der Springform auskühlen lassen.

Ricciarelli ~ Toskanische Mandelmakronen

Die Amaretti-Version aus Siena. Die perfekten *ricciarelli* sind außen trocken und knusprig, innen aber noch feucht und weich.

Ergibt etwa 16 Makronen
175 g geriebene Mandeln
2 Eiweiß
15 g gesiebtes Weizenmehl
1/3 TL Backpulver
125 g Puderzucker
3 Tropfen Mandelextrakt

~ Frische Mandeln sind äußerst wichtig für den Geschmack, die Konsistenz und den Nährstoffgehalt. Achten Sie beim Kauf auf das Verfalldatum.

1 Elektrobackofen auf 220 °C vorheizen.
Gasherd Stufe 3–4.

2 Eiweiß steif schlagen. Mehl und Backpulver verrühren und das Eiweiß unterheben. Puderzucker, geriebene Mandeln und das Mandelextrakt unterheben, so dass eine weiche Masse entsteht.

3 Die Arbeitsfläche mit etwas Puderzucker bestäuben. Einen gehäuften Teelöffel der Amarettimasse im Puderzucker rollen, anschließend zwischen den Handflächen zu einer länglichen Form pressen.

4 Amaretti mit Abstand auf ein eingefettetes Backblech legen. 10 bis 12 Minuten backen, bis sie blass-golden und leicht rissig, innen aber noch feucht sind.

5 Aus dem Ofen nehmen und auf dem Blech auskühlen lassen. Mit Puderzucker bestäuben.

Buccellato Palermitano ~ Feigen-Nuss-Kuchen

Dies ist der klassische sizilianische Weihnachtskuchen. Er stellt die ideale Verbindung von Obst und Nüssen dar. Auf den Märkten gibt es zahlreiche Stände, an denen die Früchte der Region angeboten werden – frisch und getrocknet; und der Boden unter den Füßen knirscht von den Schalen der Pistazien und Sonnenblumenkerne, die die Marktleute und ihre Kunden während des Tages verzehren.

8 Portionen

Teig

150 g ungesalzene Butter
100 g Kristallzucker
300 g italienisches Mehl »Farina bianca 00« oder Mehl Type 405
60 ml Marsala
1 Msp. Meersalz
1 Eigelb
55 g geschälte, fein gehackte Pistazien
Puderzucker

Füllung

300 g gehackte Dörrfeigen
300 g Rosinen
100 g geschälte Mandeln, geröstet und fein gehackt
55 g geschälte, gehackte Walnüsse
abgeriebene Schale von 2 unbehandelten Zitronen
100 g Schokolade, Kakaoanteil mindestens 70 Prozent, klein gehackt
60 ml Marsala
1 Msp. Zimtpulver

1 Butter, Zucker und Mehl in einer Schüssel zusammen mit dem Marsala und Salz zu einem glatten Teig kneten. In Frischhaltefolie einwickeln und eine Stunde kühl stellen.

2 Für die Füllung: Alle Zutaten in einen Topf geben, bei niedriger Hitze 20 Minuten köcheln lassen und dabei häufig umrühren. Abkühlen lassen.

3 Elektrobackofen auf 200 °C vorheizen.
Gasherd Stufe 2–3.

4 Den Teig zu einem etwa 1 cm dicken Rechteck ausrollen. Die abgekühlte Füllung in die Mitte des Teigs geben, den Teig zusammenrollen und an den Enden verbinden, so dass ein Ring entsteht. Die Oberfläche mit einer Gabel einstechen, auf ein eingefettetes Backblech legen und 25 bis 35 Minuten goldbraun backen.

5 Eigelb verquirlen. Den Kuchenring damit bestreichen und mit den gehackten Pistazien bestreuen. Den Buccellato für weitere 5 Minuten in den Ofen schieben.

6 Auf einem Rost auskühlen lassen. Zum Servieren mit Puderzucker bestäuben.

~ Marsala stammt aus der Provinz Trapani auf Sizilien; sein Name kommt aus dem Arabischen »Mars-el-Allah« – das heißt: Gotteshafen. Viele Jahre war Marsala als »Vino Inglese« bekannt, da ein Engländer ihn »erfand«. Marsala ist eine Mischung aus verschiedenen Weinen (teils vergorener Süßmost, teils unvergorenes Mostkonzentrat und teils Brandy). Der Marsalawein reift mindestens 8 Monate im Holzfass(Bezeichnung: *fine*). Der *vergine* verbringt sogar 5 Jahre und der *stravecchio* 10 Jahre im Holzfass.

Torta di mele d'Maria ~ Apfelkuchen

Maria, die Eigentümerin von San Orsola, wo ich viele glückliche Jahre unterrichtet habe, liebt diesen Apfelkuchen. Der Sauerrahm verbindet sich mit den Äpfeln auf köstliche Weise.

6–8 Portionen

1 EL brauner Rohrzucker
125 g ungesalzene Butter
125 g Kristallzucker
2 große Eier von frei laufenden Hühnern, Eiweiß und Eigelb getrennt
2 Tropfen Vanilleextrakt
125 g geriebene Mandeln
55 g Weizenmehl
1/4 TL Backpulver
150 ml Sauerrahm
175 g Äpfel, zum Beispiel Cox Orange
Schlagsahne zum Servieren

1 Elektrobackofen auf 180 °C vorheizen. Gasherd Stufe 2–3. Eine runde Kuchenform von 20 cm Durchmesser einfetten und mit Backpapier ausschlagen. Mit Rohrzucker bestreuen.

2 Butter und Kristallzucker zu einer leichten, lockeren Masse verrühren. Eigelb und Vanilleextrakt einrühren, anschließend die Mandeln, das Mehl, Backpulver und den Sauerrahm unterheben.

3 Eiweiß steif schlagen und mit einem Löffel unter die Crememasse heben.

4 Äpfel schälen, entkernen und in Scheiben schneiden. Damit den Boden der Kuchenform auslegen. Die Crememasse mit einem Löffel über die Apfelscheiben geben, Oberfläche glatt streichen. 45 bis 60 Minuten backen, bis der Kuchen fest und goldbraun ist.

5 Auf eine vorgewärmte Servierplatte stürzen und noch warm mit Schlagsahne servieren.

~ Verwenden Sie ruhig auch anderes Obst. Ich habe diesen Kuchen bereits mit Heidelbeeren bereitet; ganz fantastisch schmecken auch Pflaumen.

Panforte di Siena ~ »Starkes Brot«

Dieser flache Kuchen, der in seiner Konsistenz ein wenig an festen Türkischem Honig erinnert, enthält viele kandierte Früchte, geröstete Nüsse und Gewürze. Er ist eine Spezialität aus Siena und stammt aus dem 12. Jahrhundert. Unter den zahllosen Varianten ist dieses mein Lieblingsrezept (auch wenn es wohl nicht das Original ist). In Siena gibt es ein Geschäft, Nannini, das mindestens fünfzehn verschiedene *panforte*-Variationen verkauft; entscheiden Sie selbst, welche Mischung Ihnen am meisten zusagt.

Ergibt etwa 10 Stücke

- 85 g geschälte Haselnüsse
- 85 g blanchierte Mandeln, grob gehackt
- 175 g fein gehackte Sukkade
- 25 g Kakaopulver
- 55 g Weizenmehl
- 1/2 TL Zimtpulver
- 1/4 TL Gewürzmischung wie für Lebkuchen
- 100 g Kristallzucker
- 100 g klarer Honig

Belag

- 2 EL Puderzucker
- 1 TL Zimtpulver

1 Elektrobackofen auf 150 °C vorheizen. Gasherd Stufe 2.

2 Nüsse, Sukkade, Kakaopulver, Mehl und Gewürze in einer Schüssel verrühren.

3 Zucker und Honig in einer Pfanne vorsichtig erhitzen, bis das Zuckerthermometer 115 ° Baumé anzeigt oder ein Tropfen der Masse in einer Tasse Wasser sich zu einer Kugel formt. Sofort von der Kochstelle nehmen, zur Nussmasse geben und gut verrühren.

4 Masse in eine mit Backpapier ausgelegte Kuchenform, Durchmesser 20 cm, geben und glatt streichen. Darauf achten, dass die Masse nicht höher als 1 cm ist.

5 Im vorgeheizten Ofen 30 Minuten backen. Auf einen Rost stellen, Backpapier entfernen und abkühlen lassen.

6 Oberfläche dick mit Puderzucker und Zimt bestreuen. In kleine Keile schneiden.

~ Der Kuchen enthält im vorliegenden Rezept Zimt und Kakao. Der Zimt wurde von seiner Heimat Ceylon(heute Sri Lanka) und der Kakao aus Mittel- und Südamerika von portugiesischen und spanischen Seefahrern im 15. und 16. Jahrhundert nach Europa gebracht. Also muss der Kuchen, der während der Kreuzzüge als eine Art mittelalterlicher »Energieriegel« gegessen wurde, eine andere Rezeptur gehabt haben.

Nepitella ~ Feigen-Nuss-Teilchen

Für mich gibt es keine bessere Kombination als Feigen und Walnüsse, beides gesunde und Energie spendende Lebensmittel. Genießen Sie diese kleinen *mezzaluna*, halbmondförmige Plätzchen, zum Kaffee oder nach der Siesta, aber niemals als Dessert nach dem Essen.

Ergibt etwa 14 Teilchen

400 g italienisches Mehl »Farina bianca 00« oder Mehl Type 405
150 g Kristallzucker
150 g zimmerwarme Butter, in Flöckchen geschnitten
3 Eier von frei laufenden Hühnern, davon 1 Ei getrennt

Füllung

300 g gedörrte Feigen
150 g geriebene Walnüsse
150 g blanchierte Mandeln, geröstet und gerieben
100 g kernlose Rosinen, 15 Minuten in lauwarmem Wasser eingeweicht und gründlich abgetropft
200 g Orangenmarmelade
fein abgeriebene Schale von 3 unbehandelten Orangen
1/4 TL Gewürznelkenpulver
1 TL Zimtpulver

1 Elektrobackofen auf 170 °C vorheizen. Gasherd Stufe 2.

2 Mehl in eine Schüssel sieben, Zucker einrühren und darin eine Mulde formen. Butter, 2 ganze Eier, Eigelb und Salz hinzufügen. Daraus einen weichen, glatten, elastischen Teig kneten, zu einer Kugel formen und im Kühlschrank kalt stellen.

3 Feigen 10 Minuten in Wasser kochen. Gut abgießen und klein hacken. Zusammen mit den restlichen Zutaten für die Füllung in eine Schüssel geben und gut verrühren.

4 Den Teig etwa 5 mm dick ausrollen. Mit einer Ausstechform etwa 10 cm runde Scheiben ausstechen.

5 Auf jede Teigscheibe etwas von der Füllung geben, dann den Teig zusammenklappen, so dass ein Halbmond entsteht. Die Ränder mit dem geschlagenen Eiweiß befeuchten und fest zusammenpressen. Die Oberseite einige Male leicht einschneiden und die Plätzchen auf ein eingefettetes Backblech legen.

6 Im vorgeheizten Ofen 25 bis 35 Minuten goldbraun backen. Heiß oder kalt servieren.

~ Mandeln und Nüsse besitzen einen hohen Nährwert: sie enthalten wichtige Mineralstoffe wie Kalium, Phosphor , Eisen u. a. sowie Vitamine der B-Gruppe und Vitamin E(Haselnüsse). Pinienkerne und Walnüsse enthalten auch Provitamin A.

PG 3
2041
FIAT

Die italienische Vorratskammer

Eine sinnvoll gefüllte Vorratskammer, ein gut gefüllter Kühlschrank oder eine volle Gefriertruhe ersparen Ihnen nicht nur zahllose Einkäufe, sondern diese Vorräte sind unerlässlich, wenn Sie unvorbereitet Gäste bekommen oder wenn Sie nach einem anstrengenden Arbeitstag sich noch schnell etwas Gutes zubereiten möchten. Im Folgenden habe ich all jene Zutaten aufgeführt, die ich für wesentlich erachte.

Pasta und Getreide Pasta ist auch in der vegetarischen Ernährung ein wichtiger Kohlenhydrat-Lieferant. Deshalb habe ich immer eine große Auswahl in verschiedenen Formen und Größen in meinem Vorrat. Die trockene Pasta, die *pasta secca*, die industriell gefertigt wird, wird aus Weizen hergestellt. Achten Sie beim Kauf darauf, dass es sich um 100 Prozent Hartweizen oder *semola di grano* handelt; ist Ei beigemischt, finden Sie auf der Packung noch den Zusatz *all'uovo*. Ihre Auswahl hängt natürlich vom persönlichen Geschmack ab, allgemein aber lässt sich sagen, dass Sie dünne Pasta für sämige Saucen, hohle oder Spiralformen für dicke, kompakte Saucen, breite, flache Nudeln für eher reichhaltige Saucen und zierliche Formen für leichte Saucen verwenden sollten. Daneben gibt es kleine, winzige Formen für Suppen. Werfen Sie beim Kauf einen Blick auf das Haltbarkeitsdatum und bewahren Sie die Nudeln in einem luftdicht verschließbaren Behälter kühl und trocken auf.

Weitere nützliche Getreideprodukte sind italienisches Mehl »Farina bianca 00« (auch »Farina bianca 00 fiore«) – das in italienischen Geschäften und in den Lebensmittelabteilungen großer Kaufhäuser erhältlich ist, für die Zubereitung frischer Pasta. Italienische Köche in Deutschland und Österreich empfehlen auch die Mehlsorte »Dunst« oder »Wiener Griessler«. Weizenmehl der Type 550 eignet sich für Brötchen und helle Brote, Weizenmehl der Type 405 für Kuchen, Plätzchen und Saucen. Für Risotto empfehlen sich *Arborio-*, *Carnaroli-* und *Vialone-nano-*Reis; daneben sollten Sie immer Graupen und Hartweizengrieß vorrätig haben.

Hülsenfrüchte Hülsenfrüchte sind die Samen der Pflanzen und deshalb reich an Nährstoffen, vor allem Kohlenhydraten und pflanzlichem Eiweiß (Proteinen). Bohnen, Erbsen und Linsen zählen zur Familie der Leguminosen; ich verwende am häufigsten Cannellini-, Borlotti- und grüne Bohnen (vorzugsweise getrocknet); dazu Kichererbsen (und Kichererbsenmehl) sowie grüne Linsen.

Nüsse und Samen Sie sind reich an natürlichen Fettsäuren und Proteinen. Am liebsten mag ich Haselnüsse, Pinienkerne, geriebene, gehackte oder blanchierte ganze Mandeln, Pistazien, Walnüsse, Maroni (getrocknet), Sesam- und Anissamen und Kürbis- und Sonnenblumenkerne. Kühl aufbewahren oder einfrieren, damit ihr Vitamin-Gehalt wenigstens teilweise erhalten bleibt.

Dörrobst Konzentrierte Köstlichkeiten! Wählen Sie schon allein des Geschmacks und Ihrer Gesundheit wegen kein Dörrobst, das geschwefelt wurde. Aprikosen, Backpflaumen, Feigen, Birnen, Pfirsiche, Rosinen, Sultaninen, Belegkirschen, kandierte Früchte gibt es in guter Qualität zu kaufen. Ihren Lieblingsvorrat sollten Sie immer zur Hand haben.

Öle Kaltgepresstes Olivenöl, das einfach gesättigte Fettsäuren enthält, gilt als äußerst gesund. Nehmen Sie für Dressings natives Olivenöl extra, einfaches Olivenöl zum Kochen und Braten.

Konserven Tomaten (ganze oder gehackte italienische Eiertomaten, »pelati«), verschiedene Sorten Bohnen, Kichererbsen, Linsen (falls Sie keine Zeit haben, die getrockneten Hülsenfrüchte einzuweichen).

Flaschen und Gläser Balsamico-Essig, Rot- und Weißweinessig, grüne und schwarze Oliven, Kapern (in Essig oder Salzlake eingelegt oder nur gesalzen), sonnengetrocknete Tomaten, Passata, Essiggurken sowie Mandelextrakt, Honig, Marmelade, Rot- und Weißwein, verschiedene Liköre und Weinbrand.

Kräuter Frische Kräuter sind getrockneten natürlich vorzuziehen, da ihre ätherischen Öle noch unversehrt sind. Die meisten kann man leicht auf dem Fensterbrett (im oder außerhalb des Hauses), auf dem Balkon oder im Garten ziehen. Getrocknete oder eingefrorene Kräuter wie Lorbeerblätter, Rosmarin, Oregano, Salbei und Thymian sollten Sie für die kräuterarme Zeit bereit halten. Frisch geernteter Knoblauch, der ähnlich wie Kräuter zur geschmacklichen Abrundung des Essens verwendet wird, hält sich kühl gelagert etwa zwei Wochen; die abgetrockneten Knollen bei 0–1 °C etwa 6 bis 7 Monate.

Gewürze Frische, ganze, unbehandelte Gewürze besitzen ein wesentlich besseres Aroma als in Pulverform gekaufte. Bevorzugen Sie deshalb ganze Gewürze und mahlen oder reiben Sie sie bei Bedarf. Gewürze in Pulverform nur in kleinen Mengen kaufen und bald aufbrauchen, da sich die Aromastoffe schnell verflüchtigen (Gläser dunkel und kühl aufbewahren). Für unverzichtbar halte ich ganze Muskatnüsse, Zimtstangen und -pulver, Nelkenpulver (das sich zu Hause nur schlecht herstellen lässt), Vanillestan-

gen, Safranpulver, getrocknete Peperoncini oder Peperoncinoflocken, Pimentpulver und Fenchelsamen. Und ohne Meersalz (fein- und grobkörnig) und ohne ganze schwarze Pfefferkörner kann ich mir nicht vorstellen, zu kochen. Zum pikanten Würzen verwende ich kleine frische Peperoncini.

Milchprodukte Für Vegetarier stellen sie die wichtigste Quelle von Proteinen und Fetten dar. Da sie leicht verderben, sollten sie im Kühlschrank aufbewahrt werden. Dazu gehören: Eier von frei laufenden Hühnern, Milch, Sahne, Crème fraîche und Crème double, Sauerrahm, ungesalzene Butter und Käse.

Parmesan Der König des italienischen Käses ist für die italienische Küche unverzichtbar. Kaufen Sie den teuren Parmigiano Reggiano oder den etwas billigeren Grana Padano. Ein guter Vorrat sind auch Pecorino, Fontina, Mozzarella, Dolcelatte, Gorgonzola, Ricotta und Mascarpone, denn sie eignen sich für viele Gerichte.

Käse Käse wird normalerweise mit Hilfe tierischer Labfermente hergestellt. Ganz strenge Vegetarier und Allergiker verwenden dieses Nahrungsmittel deshalb nicht. Allerdings gibt es immer mehr Käsesorten – darunter Parmesan –, die mit Hilfe pflanzlichen Ferments erzeugt werden. Achten Sie darauf, falls es Ihnen wichtig ist.

Sonstiges Frische und Trockenhefe, getrocknete Steinpilze (porcini), Schokolade, Zucker (legen Sie für Vanillezucker eine aufgeschlitzte Vanilleschote in Ihren Zuckerbehälter), Backpulver, Kakaopulver und Speisestärke.

Index

Danksagung

Es war mir eine große Freude, dieses Buch zu schreiben und dabei von so wunderbaren Menschen unterstützt zu werden.

Besonderer Dank geht an meine Lektorin Susan Fleming für ihre unentwegt gute Laune und ihren großen Einsatz; wir hatten viel Spaß zusammen im Sommer 1998; an Margaret Little, die das Projekt sanft und ruhig, aber bestimmt in die richtigen Bahnen lenkte und dafür sorgte, dass das Buch sich von der großen Menge abhebt; an Gaye Allen, die mit ihrer großartigen gestalterischen Kraft für das wunderbare Design verantwortlich zeichnet, für ihr Feingefühl, ihre Herzlichkeit und ihre Einsatzbereitschaft – es war wunderbar, mit dir in Italien zu arbeiten; und an Jason Lowe für seine außergewöhnlichen Fotografien – ich bewundere, wie er arbeitet, zielsicher und überaus inspirierend.

Ursula Ferrigno